别让爱情再流浪

三毛传

朱云乔 著

天地出版社 TIANDI PRESS

别让爱情再流浪

序
PREFACE

　　远方的一切,是美好的乌托邦,充满爱与理想。我们总是习惯于伫立当下,期待、幻想、眺望。可很多人忘了,梦想的意义,是追寻,在路上。

　　多年以前的旧时光里,曾有一个风一般的女子,她始终在逐梦、流浪,一生不舍爱与自由,为我们留下了无数怀想。她,就是三毛。

　　现实里的人们认定了,点燃梦想的是金钱,是地位。可追梦的人明白,他们真正需要的是信仰。爱与自由就是三毛的信仰,所以她才能在孤独而封闭的成长时光里,一直向往阳光,不断走向远方。

　　自由是生命的脉搏,很多人却亲手为自己套上了牢牢的枷锁。曾经自闭的三毛,与世界隔绝,但绘画唤醒了她沉睡的向往,文字点燃了她对美好的渴望。 她说:"我是这么渴求新的知识,我多么想知道一朵花为什么会开,一个艺术家为什么会为了爱画、爱音乐甘愿终生潦倒,也多么想明白,那些横写的英文,到底在向我说些什么秘密……"那些光芒,驱动着她一步步走出紧闭的房门,走向更遥远的世界。追求自由的脚步很艰难,但路上的风景很精彩。

真正的自由,是身体与灵魂两个维度的飞舞,它不只是踏遍万水千山,更是放逐心海浪迹天涯。在文字的世界里,她打破了地域的疆界,任思绪自由驰骋。于是,《撒哈拉的故事》《哭泣的骆驼》《梦里花落知多少》《万水千山走遍》……一部部精彩的作品沾满了她灵魂的自由与芬芳,来到了这个世界。

世间有多少爱败给了时光,但坚韧的爱能长出生生不息的力量。通过六年的坚守,那个叫荷西的男孩等到了值得深爱的三毛。时间在他们身上褪去了残酷的外衣,展示出了最温柔美好的一面。此后,他们一起走过万水千山,把红尘踏遍。爱很难,需要彼此点滴磨合,需要用心经营;爱又很容易,只是和有缘人做快乐的事。三毛与荷西,在荒漠里将细水流年演绎出了极致的浪漫。

多年后,三毛离开了这个世界,人们有不舍也有遗憾。但爱与自由,在文字里生长,穿透了时间,也穿透了许多人的青春与迷惘。她的洒脱,她的璀璨,她的追逐……总会在沉闷乏味的生活里,唤醒我们尚未熄灭的梦想。

目录
CONTENTS

| 第一章 |

飞翔·当文字插上灵魂的翅膀

1. 一生不舍爱与自由 / 002
2. 命运在战火里萌芽 / 008
3. 拾荒少女的宝藏 / 015
4. 最珍贵的相遇 / 024

| 第二章 |

雨季·在青春时光里装满渴望

1. 第一次单纯的暗恋 / 034
2. 用文字唤醒灵性 / 039
3. 让生命照进一束光 / 048
4. 一双红皮鞋的意义 / 055

| 第三章 |

爱恋·有一种缘分叫遗憾

    1. 爱上你,忘记你 / 064

    2. 洒脱的东方公主 / 071

    3. 挥着法国帽子的少年 / 079

    4. 跟随命运,流浪辗转 / 085

| 第四章 |

归宿·在对的时间重逢

    1. 六年之后的答案 / 094

    2. 像从未受过伤一样去爱 / 101

    3. 白手起家,勾勒精彩生活 / 109

    4. 没有面包的爱情 / 115

| 第五章 |

逐爱·在荒漠中写下极致浪漫

    1. 亲爱的婆婆大人 / *122*

    2. 细水流年的诗意 / *127*

    3. 有趣的人，有趣的人生 / *136*

    4. 喜悦里的挣扎与哀愁 / *142*

| 第六章 |

绽放·活出生命的快意和潇洒

    1. 飞蛾扑火的爱 / *150*

    2. 沙漠里的白马征途 / *156*

    3. 让善良化作一束光 / *163*

    4. 记录珍贵和美好 / *171*

| 第七章 |

相守·有一种爱叫不离不弃

    1. 荒漠之夜的生死考验 / 178

    2. 告别撒哈拉,但愿人长久 / 184

    3. 黄昏里的点滴生活 / 189

    4. 生活的色彩与味蕾 / 194

| 第八章 |

追逐·为你踏遍万水千山

    1. 我们总是被迫学会告别 / 202

    2. 追寻本身就是意义 / 209

    3. 打开灵性的钥匙 / 216

    4. 缘起缘灭,随风聚散 / 223

    5. 终究只能一个人看海 / 228

    6. 用阅读灌溉灵魂 / 233

    7. 告别万丈红尘,悄然离去 / 239

后记 / 243

第一章

飞翔·当文字插上灵魂的翅膀

① 一生不舍爱与自由

于滚滚红尘中,她踏遍了万水千山,用一生写下关于爱与自由的璀璨故事——她就是追梦人三毛。

远望三毛,她是爽朗美丽的,是自由洒脱的。可她最终洒脱地走出了时间,在生命的尽头,留给人们一个巨大的谜团。

既然深爱这个世界,她为什么要决绝地离开?爱着她的人们都在寻找答案。

当时间的镜头锁定在1991年1月2日时,我们可以看到憔悴的三毛,住进了台北荣民总医院。体弱的她之前也曾多次进过医院,但身体上一直并没有太严重的问题。这一次住院,是因为子宫内膜肥厚影响了内分泌,经过简单的治疗很快就可以出院。

在医院里,母亲一如往常地陪伴照料着她。1月3日,医生为三毛做了手术,手术很成功,仅仅用了十分钟。术后医生嘱咐三毛,只要正常吃药,内分泌问题很快就会得到改善,观察两日就可以出院回家休养。

在麻醉药效消失后,三毛醒了,让母亲帮她梳洗一下。母亲欣然应允,一边帮她梳洗,一边同她聊天。一切一如往常,没有任何不安的征兆。后来三毛吃了些东西,告诉父母自己状态很好,就让他们回去了。但没有人想到,一个寻常的告别,却埋下了悲伤的伏笔。

当天晚上医院值班的护士去查房时,三毛所在病房的灯还亮着。她告诉护士自己的睡眠不好,希望夜间不要被打扰。而就在那个夜里,她做出了生命的选择,安静地走向了"另一个世界"。

第二日清晨,人们匆匆开始新一天的忙碌生活。医院的清洁工打开了三毛所在病房的门,准备打扫房间。她走进卫生间的时候,看到了惊恐的一幕——三毛在浴室自缢了。

医院当即报警,最终法医给出了结论:三毛死于自杀。但同时警方也给出了另一个令人难过的信息,三毛所在病房的卫生间内马桶上方是有扶手的,如果她还有一点求生欲望,便可以把住扶手来保命。遗憾的是,她并没有这么做。她走得决绝,对于人生仿佛没有半点留恋。这一年的三毛只有48岁,还有大把的时光可以享受人间的美好。

三毛平静而洒脱地离开了,让众人震惊、心痛……

关于三毛的自杀,她的家人其实都有过心理准备。他们是离三毛最近的人，更知道三毛心底的寂寞和悲伤。而当这一天真的到来时，他们还是觉得太突然了。

三毛的母亲缪进兰身患癌症近六年，听到女儿的死讯后几乎昏厥。从医院回到家后，她悲痛万分，闭门不出，一遍遍地默数着关于三毛的回忆，可再珍贵的曾经也填不平眼前的痛苦。

三毛的姐姐陈田心曾说道："关于她的自杀，我们都知道她可能有这一天，但不是那个时候。她其实是个相当注重整齐、漂亮的人，从不愿意以睡衣示人，连在家看她穿睡衣的时间都不多，怎么会穿着睡衣离世？"

的确，三毛是个很爱漂亮的人，穿衣打扮都很时髦。她爱穿波希米亚长裙，冬天配高筒靴，夏天配凉鞋，一头印第安女孩式的乌黑长发，扎着两个麻花辫。她是忧郁的，但也是潇洒热烈的。她曾经那么热烈地爱着这个世界，即使在遥远的沙漠里，也在尽情地绽放着自己的生命之花。

更令人惊讶的是，就在三毛去台北荣民总医院的数日前，她还购置了新的沙发放在阁楼，把自己的房间精心布置了一番，整理得十分干净，看上去一尘不染。可她偏偏选择在这样的时间离开，还穿着睡衣，以自缢这种极为痛苦的方式结束自己的生命。她是厌倦了这个世界，还是真的想开了，解脱了，也就不在乎了？三毛没有留下任何答案。

也许在她心中，懂她的人，无须言语自然会懂她；不懂她的人,又何必在乎?她甚至没有留下一封遗书。也许,该说的,该做的,她在今生都说够了,也做完了。正如她曾表达过的,自己已经拥有异常丰富的人生。

死亡并不值得歌颂,活着的人需要接受现实。对于三毛的往生,父亲陈嗣庆沉思过后有了新的见解,他形容道:"就好比我和三毛搭飞机到美国,她的票买到夏威夷,我的票买到华盛顿。夏威夷到了,她先下飞机,而我继续坐到华盛顿。我们不再一起飞,可是我心里有她,她心里有我。"一段比喻,有内心哀伤的释怀,也有绵长深厚的思念。

当天下午,三毛自杀的消息像一记惊雷,在广播、电视等新闻媒体上炸开了锅。一时间,很多媒体都在探究三毛是因何入院,又为什么会在手术成功后自杀。而就在三毛自杀半个月前,她编写剧本的电影《滚滚红尘》获得了巨大的成就。

三毛很看重《滚滚红尘》这部作品,她在接受采访时对记者说:"这确实是一部好戏。古人说,曲高和寡。我们希望这部戏能有一个飞跃:曲高和众,既叫好又叫座。"这也许是她对这个世界最后的热切期望。

的确,这部电影作品获得了金马奖导演、剧情、女主角、女配角、摄影、音乐、美术设计和造型设计等八个奖项。演员林青霞凭此部影片获得了她人生中第一个金马奖,导演严浩凭此部影片达到了事业巅峰。可讽刺的是,唯独三毛仅以编剧奖入围,并未获奖。

　　大家的狂欢映衬了她的寂寞和失落,在平静中,她似乎感受到了一种虚无。一场空前华丽的颁奖盛会过后,三毛孤独地在医院结束了自己的生命,留给了人们无尽的悲伤和怀想。

　　难以接受三毛离去的不只是三毛的家人,还有社会各界人士,以及千千万万同她素未谋面的读者。许多爱她的读者,为她燃起了蜡烛。广播里反复地播放着三毛生前所写的专辑《回声》,齐豫用清朗的声音吟唱着一段美好的心事。那时的三毛对世界心存热望,充满了爱与期待,正像歌曲《七点钟》所唱,"今生就是那么地开始的,走过操场的青草地,走到你的面前,不能说一句话,拿起钢笔,在你的掌心写下七个数字,点一个头,然后狂奔而去……"

　　在那个轰轰烈烈追求爱与浪漫的年代,三毛说出了许多人的心声。今生从爱开始,为爱狂奔。所以她在爱的长河里兜兜转转后选择了荷西,和挚爱的大胡子一起奔向撒哈拉,在荒漠的细水流年里写下灿烂的爱。就算这份爱最终带来的是最深的痛,但那是她真实活过的人生,血肉丰满。

　　在人人向往自由的时代,三毛活成了许多人的期待。她成了一个探险家,打破牵绊,追逐梦想,用脚步丈量世界。她把走过的路和人生的精彩片段,打磨成了美丽的文字,把她最珍贵的东西留给了读者,留给了世界。最终,她走出了时间,走向了更远的远方。爱与自由，成为她一生的执念。

老去的故事也是有温度的，离开也并不意味着消失，因为有人记得，有人牵挂，有人想念……虽然三毛离开了这个世界，但她的名字时至今日仍裹挟着温度。纵然她悲壮地选择了离开，但在人们心中，她永远是高举着爱与自由旗帜的洒脱女子，在时间的荒野里绚烂地绽放，高歌着生命的精彩。

② 命运在战火里萌芽

远方的风从历史深处吹来,送来时间的信使,缓缓地为人们勾勒了一段精彩的老故事。

一个叫陈嗣庆的法律系高才生,经人介绍结识了19岁的缪进兰,两人由此结下了一段深深的缘分。

缪进兰当时刚刚高中毕业,虽然学历不如陈嗣庆,但也算得上是进过"洋学堂"的现代女性,性格活泼爽朗,十分热爱运动,在读高中的时候就是学校篮球队的一员。陈嗣庆也十分热爱运动,虽然学的是法律专业,但一直特别向往成为一名运动员。他在小学六年级的时候就开始踢足球,也会打网球,打乒乓球的技术也很好……

对运动的热爱拉近了两个年轻人的距离,一段美丽的缘分像藤蔓一般,在寂静的时光里疯长。在交往了一年后,缪进兰放弃了已经考取的上海沪江大学新闻系的就读机会,选择与陈嗣庆结婚，成为陈嗣庆坚实的后盾。

陈嗣庆是个很有抱负的青年，为了更好地发展事业，在婚后第一年，他暂别怀孕的妻子，离开了沦陷区，到大后方重庆开展律师业务。

嘉陵江畔的重庆，是一座西南地区的名城。云雾盘绕，山水相映，美不胜收。1937年，国民党政府从南京迁到了这里，使之成为战时很重要的城市。此后，这座小城渐渐热闹起来，军人、政客、企业家、知识分子、难民……社会上形形色色的人从各处涌入了重庆。陈嗣庆正是这其中之一，在风云变幻的时代，他在这片土地上埋下了梦想的种子，并为之努力奋斗。

当陈家长女陈田心出生之后，在父母的催促下，缪进兰抱着刚出生的孩子，从上海一路跋涉来到了重庆，一家人得以团聚。后来，陈嗣庆的哥哥陈汉清也带着妻儿来到了重庆，与他们会合。

在父辈的颠沛流离中，我们的主角三毛也迎来了自己的人生。1943年3月26日，三毛出生。彼时战火纷飞，人民生活正处于水深火热中。但好在幸运的三毛生在不错的家庭，父母以最大的能力守护着自己的孩子，使其免受战乱疾苦。

三毛的本名叫陈懋平，他的父亲曾说过，"懋"是家谱上传下来的，是属于她那一辈的排行；"平"是在她出生那年战火连天，父亲对这个世界许下的和平期待。

三毛在学写字时就在小小年纪为自己的名字做了一回主。无论如何读，她都学不会这个笔画很复杂的"懋"字，最后就自作主张地把中间那个字跳过，叫自己"陈平"。反反复复很多次后，父亲"投降"了，尊重了她的选择，还把她弟弟们的"懋"字也拿掉了。

"三毛"这个名字是她1974年发表短篇作品《沙漠中的饭店》时用的笔名。之前，她一直都用真名"陈平"发表作品。

正如父亲陈嗣庆所期待的一样，在三毛出生一年半后，日本政府签署了投降书，宣布无条件投降。中国人民期盼已久的和平之光，终于普照大地。

大部分人的孩提时光都是柔软而烂漫的，每个孩子的父母都能说出孩子的一些儿时趣事。在父亲的印象中，三毛从小就有一些特别之处，她很独立，也很冷漠，与人相处时总有一些疏离感。她不喜欢玩女孩子们玩的游戏，也不喜欢和别的孩子玩。但是她胆子很大，在重庆居住时，家附近有一座荒坟，别的孩子都不敢去，她偏偏就敢一个人去那里玩泥巴。逢年过节杀羊的时候，她都能不动声色地从头看到尾，不放过任何一个细节。

在重庆，每家的厨房都有一个大水缸，埋在地里用来蓄水，方便生活使用。家长们怕发生危险，不允许孩子们靠近，可三毛却跃跃欲试，对它充满好奇。

一天，大人们都在吃饭，忽然听到了激烈地拍打水的声音。

大人们见三毛不在饭桌上，便迅速地冲到水缸边。那时三毛正头朝下扎在水缸里，双脚拼命地在水面拍打。水缸很深，三毛就用双手支撑着缸底，好让自己的双脚露出水面，能够拍打出水声。大人们迅速把她拉上来，三毛竟十分镇定，不哭不喊，说了声"感谢耶稣基督"，随后吐了一口水。因为性格倔强，三毛常常会发生一些诸如此类的小意外，但还好她总能将其安然化解。

抗战胜利后，三毛的父亲带着全家人迁到了南京，在南京开了一家律师事务所。那时他们的居住条件改善了很多。他们的新家位于南京鼓楼头条巷四号，是一幢宽敞的西式宅院。陈嗣庆和哥哥一家合住，直到1949年，他们才离开这里，经上海迁到台湾地区。

南京的家宽敞了许多，三毛的乐趣也就更多了。她会跨着竹竿绕着梧桐树骑马，打雪仗，采桑，追鹅，还制造了第一个玩具——用树枝折成的"点人机"。她的玩伴也多了起来，除了两家的兄弟姐妹，还有佣人兰瑛的孩子"马蹄子"。

从三毛的作品《背影》中可以看到，白天只要姐姐上学，兰瑛就会带着她到后院去和"马蹄子"玩儿。三毛其实是个很爱玩儿的孩子，但是和"马蹄子"并不是很投缘。"马蹄子"虽然是个男孩儿，却很爱哭，还长了个癞痢头。所以只要兰瑛稍不留神，三毛就会从"马蹄子"身边跑开。就算没有一个人陪她玩，她也能找到自己的快乐。

三毛渐渐长大，她开始渴望探索这个丰富的世界，不光是她生活的现实世界，还有书中的梦幻世界。

三毛的父母都是知识分子，格外注重对孩子的教育，他们在家中的二楼专门为孩子们收拾出一间读书室，里面堆满了各种各样的书籍。三毛非常喜欢这间装满书香的屋子，窗外就是碧绿的梧桐树，每天清晨，阳光从树的缝隙中穿过，投射到窗边，树上还有小鸟，鸟鸣清脆，为这幸福的一家人欢歌。三毛就从这里走进了让她充满期待和向往的书中世界。

在这里，三毛阅读了人生中第一本漫画书，是张乐平先生创作的《三毛流浪记》。它讲述了一个叫三毛的孤儿在上海街头流浪的故事。在漫画中，瘦弱矮小的三毛为了生存下去，做报贩、擦皮鞋、当学徒……一组组笑中带泪的漫画将三毛悲惨乐观的形象刻画得淋漓尽致，生活充满了疾苦，他却始终乐观坚强。

年纪小小的三毛，当时还未识字，完全是通过图片领会其中的意思。她竟然读懂了漫画背后的悲喜，幼小的心灵被故事情节的起伏牵动着。三毛非常喜欢这本漫画书，后来又读了张乐平先生的另一部作品《三毛从军记》。

《三毛流浪记》对她产生了不可磨灭的影响。她二十多年后在撒哈拉沙漠为自己取了笔名"三毛"，便是为了纪念那位她第一次在书中结识的朋友。

准确地说，三毛读书其实是从读图开始的。她先看图画和字的形状，再去问哥哥姐姐，弄懂书中文字所表达的意思。

《三毛流浪记》激发了三毛对书的探索欲，除了张乐平先生的漫画书，她还读了《木偶奇遇记》《格林童话》《爱的教育》《苦儿寻母记》等童话书。她开心地在一部又一部作品中冲浪，体会着书中的奇妙和欢愉。

时间悄然划过，三毛静悄悄地成长，她的生活也在慢慢发生变化。1949年，三毛跟随父母离开了南京。在她的记忆中，那天她正在家中看桑树上的蚕宝宝，父亲回来的时候给了她和姐姐一大沓金圆券，当时通货膨胀已经非常严重了，这样的金圆券不断在贬值，已经不值什么钱。她和姐姐玩得很开心，并不知道他们又要搬家了。

彼时的三毛，并不懂大人的泪水和哀愁。小孩子总是向往新鲜的世界，搬家，于她而言似乎并不是一件太伤感的事。

三毛的一部分童年时光似乎都是在跟随父母搬家的过程中度过的，她出生在重庆，后来又跟随父母来到南京。而她这次又将跟随父母经上海去台湾。其实她的童年经历对她的影响也延续到了后来的生命中。她走出了国门，走过了沙漠荒山，走过了大海小岛，走遍了万水千山。

去往台湾的旅程充满了艰辛，在滔滔的海浪声中一家人乘坐着"中兴轮"号，奔赴未知的命运。在颠簸的船上，母亲晕船十分严重，吐得厉害。看着母亲憔悴无力地躺着，三毛心中笼罩着一层恐惧的阴霾，但还好，他们终于平安到达台湾地区。

到了台湾地区后，三毛的父亲在台北建国北路朱厝仑找到了一幢日式的房子。当时那里还是比较荒僻落后的街区，因为初到台北，一切还未安稳，尤其是陈嗣庆没办法马上开业做律师。两个家庭一共有八个孩子需要养活，所以一家人在经济上不免有些拮据。

孩子的世界是天真而单纯的，小小的年纪还不懂得生活疾苦，也无须为此担忧。他们正兴奋地去探索这个全新的世界，尤其是三毛和哥哥姐姐们来到这幢日式的房子时，对榻榻米产生了浓厚的兴趣。一个个都脱光了鞋袜在上面欢呼雀跃，高兴得发狂。

在父母的呵护下，童年的三毛没有过多地体会到时代的疾苦，更多的是在平静的光阴里积蓄能量。

③ 拾荒少女的宝藏

每个人都拥有一双眼睛,但每个人看到的却是不同的世界。所有眼前的喜怒悲欢,美好与破败,都是我们内心的投影。热爱生活的三毛,拥有一双善于发现的眼睛,更拥有一种神奇的魔力,能在别人丢掉的垃圾中找到"宝藏"。

三毛虽然是个在抗战末期出生的"战争儿童",但是在父母的呵护下,她就像温室里的花朵,从未体会过物质缺乏的窘状,却偏偏爱上了拾荒。

在普通人眼中,拾荒就是捡垃圾,是贫穷的象征,是又脏又累的,是悲苦的。而在三毛眼中,拾荒却是浪漫的,充满生趣的。

三毛在很小的时候就对拾荒萌生了兴趣,她的"点人机"玩具就是她拾来的。那其实只是一个弧形树枝,她拿着它像滚铁环一样在后面追着在前面跑的人,用树枝点到谁,谁就"死"了。

一根普通的树枝,在三毛手中迸发出神奇的魔力,为她的童年添上了一抹欢愉的色彩,也为她后来拾荒的爱好埋下了伏笔。

三毛所处的时代,没有当下那么丰富的儿童玩具,但是孩子们总是能靠着想象力在生活中发现无穷的乐趣,很多玩具都是顺手捡来的。把树枝一折,就可以当作哨子;破毛笔管蘸着化出来的肥皂水就可以吹泡泡;捡来5颗小石子,就可以下棋;围上手帕就可以唱布袋戏……物资匮乏的年代,孩子们的童年乐趣却不减分毫。

三毛拥有强烈的好奇心,走路时喜欢东张西望。在读小学的时候,她非常喜欢放学后走的那条乡间小路,那就是她的拾荒路。放学后,她会先请走得快的同学帮忙把书包带回家交给母亲,自己则在田间的小路上慢慢地"游荡"。

一条普通的乡间小路,在三毛眼中却是一条非同寻常的路,她总能在路上发现很多有趣的"宝藏"。有的时候是一颗弹珠,有的时候是一个大别针,有的时候是一颗狗牙齿,有的时候是一个极美丽的空香水瓶,有的时候是一只小皮球,运气好的时候,还可以捡到一角钱……这些东西,足以让一个孩子欣喜若狂。

就这样,时间久了,她慢慢练成了好眼力,根本不必特地低头看,就能发现有趣的好东西。

有一段时间,三毛非常喜欢木头。因为当时她已经看了很多书,"拾荒"的眼光更有格调了。在十三岁的时候,她看到有人在锯完树后把大树干丢在了路边。她看着那个大树干非常喜欢，就把它扛回了家，还宝贝似的将其当作艺术品放在自己的房间。

后来，她又发现阿巴桑常常在院子里坐在一块木头上洗衣服。她仔细打量后发现那块木头非常漂亮，就像复活岛上竖立的人脸石像，充满了神秘的艺术感，用来当木凳实在是浪费，太可惜了。于是，她就用空心砖换掉了这块木头，结果把阿巴桑惹得很不高兴。

不管别人怎么看待拾荒这件事，三毛对拾荒的爱，始终狂热。她在上小学的时候，就写过一篇关于拾荒的文章。

三毛的小学全科老师是一个非常严厉又认真的女人，对学生们管教很严格，常常骂三毛。三毛平时最擅长的是写作文，所以每到作文课的时候，她才能享受短暂的太平。老师对三毛的作文一直都很欣赏，常常会让三毛在作文课上朗读自己的文章。

有一次，老师出了一个作文题目，让学生们写出自己的理想。等到大家都写完后，老师一如往常地叫三毛站起来朗读她的作文。

三毛站起来，高声朗读。"我的志愿——我有一天长大了，希望做一个拾破烂的人，因为这种职业，不但可以呼吸新鲜的空气，同时又可以大街小巷的游走玩耍，一面工作一面游戏，自由快乐得如同天上的飞鸟。更重要的是，人们常常不知不觉地将许多还可以利用的好东西当作垃圾丢掉，拾破烂的人最愉快的时刻就是将这些蒙尘的好东西再度发掘出来，这……"

念到"这"的时候，老师忽然丢过去一只黑板擦，打到了三毛身边的同学。三毛吓了一跳，不敢再继续念下去，虽然不知道为什么，但她已经明显感受到了老师的愤怒，只能茫然无措地等待着受罚。老师的喜怒无常，她早已经习惯了，但在作文课上对她发脾气，三毛还是头一次见。

"乱写！乱写！什么拾破烂的！将来要拾破烂，现在书也不必念了，滚出去好了，对不对得起父母……"老师拍着桌子，异常愤怒，随后命令三毛重写作文。

很快，三毛重写了一篇。"我有一天长大了，希望做一个夏天卖冰棒，冬天卖烤红薯的街头小贩，因为这种职业不但可以呼吸新鲜空气，又可以大街小巷的游走玩耍，更重要的是，一面做生意，一面可以顺便看看，沿街的垃圾箱里，有没有被人丢弃的好东西，这……"

老师看到作文后，依然很生气，认为小孩子写下这样"没出息"的愿望是不合格的。结果可想而知，老师画了一个大大的红叉丢给三毛，又让她重写。

最终，三毛迎合着老师的心意，胡乱写了"我长大要做医生，拯救天下万民……"。老师看了十分感动，很满意地给了个高分，觉得这才是一个有理想、不辜负父母期望的孩子的志向。

但老师并不知道，这个拯救天下万民的志愿是三毛特地写给老师看的。而就算老师给了三毛两次重写的惩罚，也没有动摇三毛拾荒的信念。虽然最终她并没有以拾荒为职业，但是拾荒的生活给她的人生带来了无穷的乐趣。别的女孩都在追求新鲜的好东西，三毛却深深地迷上了这些旧物——别人丢弃的垃圾。

三毛的父母在对孩子的教育上表现出了极开明的态度，并没有制止她的拾荒行为。不过父亲常常教导她，要消耗，要消费，社会经济才能繁荣。这些道理，三毛都会认真听。可是她一见到尚可利用的东西就忍不住拿来洗洗，再动手改造一番。她十分享受这样的过程，也始终无法割舍这份乐趣。

在离家远行之前，父母的家中已经被三毛堆满了从外面拾回来的各种各样的好东西，三毛将它们视若珍宝。她的父母向她保证，就算搬家也不会丢掉她的这些宝贝，这样三毛才放心地离家。

离开父母后，三毛的拾荒生涯中断了。因为她后来在国外上学，住在学生宿舍，就没有再捡东西。这段时间，她整日读着"死书"，仿佛心灵也蒙了尘，失去了不少往日的快乐。

后来，她不再上学，有一段时间和另外三个女孩同住一个公寓。同住的朋友们丢掉的一些旧衣服、毛线，甚至是杂志，都被三毛收集起来。在她们晚上聊天的时候，这些旧物在三毛的手中又焕发了生机，她像个魔术师一般，把它们变成了布娃娃、围裙、比基尼游泳衣……

就这样，拾荒梦又一次在她的生命里被唤醒，她的生活乐趣也变得丰富起来。三毛与爱人荷西去往撒哈拉后，拾荒在荒漠里同样绽放出了巨大的魔力。在拾荒人眼中，垃圾场是最妩媚的花园。三毛利用从垃圾场翻来的宝藏，花了两年的时间，布置了美丽的家。

一块腐烂的羊皮，捡回来煮煮洗洗，几天之后就变成了舒适的坐垫。淘来的几个玻璃瓶，冲洗干净，插上花就变成了美丽的花瓶，充满了诗意。她用报废的汽车轮胎改成的圆椅垫，让她十分得意："我放上一卷录音带，德沃夏克的新世界交响曲充满了房间。我走到轮胎做的圆椅垫，慢慢地坐下去，好似一个君王。"荒漠里的家园，就这样被她一点一滴地装点得充满生气。

对于拥有多年拾荒经历的三毛来讲，在荒漠里拾荒会比以往更有趣。因为荒漠看似空旷匮乏，却蕴含着很多大自然的神奇宝物。三毛在荒漠中找到了一些石斧、石刀，还有三叶虫的化石，那是荒漠里独有的宝贝。

更加神奇的是，在荒漠生活的某天清晨，三毛与荷西一起拾到过一百多根长如手臂的法国面包。那面包显然是刚出炉的，外酥内软，却意外地躺在荒漠里。还有一次，西班牙人从沙漠撤退，在荒野里丢了一卡车几百箱的法国白兰地。三毛与荷西捡了一大箱回来，最后也没派上什么用场。他们在离开荒漠的时候就把这箱白兰地留在了那里，这让她尤为心痛。

三毛定居小岛上的时候，家附近也有一处垃圾场。在住宅区，镇上每天都会有人来收厨房垃圾，而这处垃圾场则用来堆放家庭物件。建筑材料、旧衣物、家具、收音机、电视、木箱、花草、书籍等很多东西都被丢弃在这里。三毛在这个超级大垃圾场里还结识了一个同样爱好拾荒的伙伴。他是邻居葛雷夫妇的儿子，曾经做过小学教师。后来因为热爱拾荒生活，便辞去了教职，每日穿梭在垃圾场中，用拾来的旧物件卖钱，以此为生。

这个伙伴勾起了三毛的一些回忆，让她想起了自己的小学老师。当年因为三毛立志要拾荒被老师大加斥责，没想到她长大遇到的第一个专业拾荒者，曾经竟然是个小学老师，这件事让她觉得十分有趣。

三毛常常和他一同穿梭在垃圾场里，一起慢慢地散步，享受平静的时光，靠彼此的眼力发现有趣的东西。这个专业拾荒伙伴的眼力要比三毛好一些。有时候三毛走了一圈什么也没发现，但是这个伙伴却能拾出一整面花雕木门送给她。

这个伙伴后来去了瑞士，他还在哥哥来加纳利群岛的时候，托哥哥给三毛带来了礼物，一架瑞士乡间的老旧木拖车和一本精装的1920年出版的《威廉特尔》故事书。这本故事书的封面是淡绿色的，写着老式的花体英文字母。三毛看着这两件礼物开心得不得了，爱不释手。

她也送给了这个拾荒伙伴一些礼物，有一个过去西班牙人洗脸时盛水用的紫铜面盆和镶花的黑铁架,一个粗彩陶绘制的磨咖啡豆的磨,还有一块破了一个洞又被三毛重新修补好的西班牙绣花披肩。这都是三毛和荷西在拾荒中淘出来的精品。漂洋过海地交换这样的礼物,在常人眼中或许难以理解,但是在拾荒者心里,这些淘来的宝藏寄托着惺惺相惜的情谊。

三毛拾荒的爱好也影响了身边的人。在她定居岛上时,父母前来探望,两人在海边散心时为女儿捡来了两块彩石。三毛非常喜欢,为它们取名"痴心石"。她曾在书中写道:"我相信,父母的爱——一生一世的爱,都藏在这两块不说话的石头里给了我。父母和女儿之间,终于在这一瞬间,在性灵上,做了一次最完整的结合。"

三毛的丈夫荷西,也为三毛从海里淘来了不少好货。比如,十八世纪的实心炮弹、船灯、船窗、罗盘、大铁链等,他们都用来装饰房间。

从幼年开始,三毛就是这般深深地迷恋着拾荒。她热爱这个探索和发现的过程,就如同在猜一个没有终局的谜,下一分钟里永远藏着一份未知的惊喜。

三毛还曾有过一个妙想,将捡到的东西都记录在一本书上。她要一直记录到老年,最后把这本书丢进垃圾场。如果将来有一个人捡到了这本书,并珍藏起来,同时也开始拾荒,那么她一生所热爱的拾荒梦便会以这样一种奇妙的方式延续下去。

三毛后来实现了其中一部分愿望，为她所珍视的一部分藏品写了一本书，叫作《我的宝贝》。书中藏品五花八门，来自世界各地，每一个物件都有一段精彩的故事，它丰富了三毛的人生，也为读者展示了寻常生活的另外一种精彩。在书中，你可以洞见三毛的精彩人生，还可以了解她独特的审美眼光。

其实，这世界上的物品，是宝藏也好，是垃圾也罢，都以同样的面貌呈现在所有人眼中，但是因为每个人的经历、认知以及艺术修养各不相同，导致它们在不同人的生活中投射出了不同的价值。

热爱拾荒的三毛，给当代人上了生动的一课。我们周边的每一个普通的物件，都连接着我们一段珍贵的时光，都有着独特的温度。在物资丰盛的年代，我们只有懂得惜物，才能更加敬畏生活，也才能在生活里获得更多的快乐和幸福感。

④ 最珍贵的相遇

总有一些人,会在不经意间闯进你的生命,留下一段精彩的故事。一转身,他们又消失在人海,未来同你不再有交集。但那些精彩往事会挂在回忆的长廊里,成为彼此生命中最珍贵的礼物。

在懵懵懂懂的年华里,三毛与聋哑士兵相遇了。那是一个令人印象深刻的日子,因为那一天的三毛充满了慌张和恐惧。在上学的路上,三毛莫名其妙地被一头疯牛追进了学校。可那天她并没有穿红色的衣服,那头疯牛却始终锲而不舍地追着她。

三毛来不及哭,更来不及多想,只是拼命地向学校奔跑,好不容易才安全地跑进了教室。那头疯牛则跑到了操场上用蹄子不停地踢土。当日的早操因为突然到来的疯牛而取消,校园的广播里反复地播放着警示,告诉同学们不要走出教室。

全班的老师和同学都非常紧张,用童军棍把教室门顶住。教室里的三毛心有余悸,恐惧未消,风纪股长此时却叫她去拎着水壶打水,如果三毛不从,就要记下名字交给老师。因为那天是三毛和另一位同学值日。当时,那所小学的教室后面会备一只大水壶,每天由各班值日生到学校厨房去打热水,然后提回来供学生们饮用。

风纪股长是个马屁精,经常压迫同学讨好老师。可当时疯牛还在操场上发疯地狂跑,另外一位值日的同学吓得哭着死活都不肯去。无奈之下,三毛只得独自拎着水壶跑出教室,拼命地跑向通往厨房的长廊。她拎着空水壶,跑起来倒是容易,可当水壶灌满了滚烫的热水时,想跑起来就太难了。看到不远处的疯牛,一种恐惧向她袭来,她蹲在门边无助地哭了起来。

正在三毛十分绝望的时候,转机出现了。当时有军队在学校暂住,早晨他们操练回来,看到了操场上发疯的牛,便很快将疯牛赶到了学校外的田野里。

看着疯牛被赶走后,三毛才敢出来。她拎着大水壶,三步停两步走地往教室走。那一天因为同学们都躲在教室,走廊也特别安静,她走得十分小心。忽然,身后传来了喘息的声音,她吓得丢下了水壶,下意识地用双手抱住了头。她以为疯牛又回来了,蹲在地上,丝毫不敢挪动。

没过一会儿,三毛感觉到有人在拍她的肩膀,她抬起头斜眼看,发现是一个提水的士兵,这才彻底放下心,站了起来。这个士兵不会说话,一直张着嘴和三毛打手语。

三毛注意到,他用扁担担着两大桶水,两桶水上浮着碧绿的芭蕉叶。直到后来她才知道,在水桶上放芭蕉叶就是为了防止水溅出来。她仔细地打量着这个人:他皮肤黝黑,面如大饼,身材壮硕,但是他的眼神却温柔清澈,就像个孩子一样。

那个士兵细心地帮三毛拎起了水壶,并示意三毛带路,就这样一路把她护送到教室。趁着老师还没来,三毛来到走廊的水沟边,用碎石在泥土上写下"什么兵"。那个聋哑士兵高兴地放下水桶,在地上写了"吹兵"。三毛明白,他是写错了字,其实是"炊兵"。

聋哑士兵和三毛握着手,高兴地摇来摇去。三毛看出了他眼中的欢喜。从那以后,他们就成了要好的朋友。

当时三毛读四年级,学习很轻松,她和聋哑士兵也有很多见面的机会。每天早上在学校见到三毛,他都放下水桶,非常高兴地欢迎三毛。

那段时间,三毛是充满了自豪感的,因为每天上课之前,她都会给聋哑士兵做小老师,教他写字。第一次写的是个"火"字,三毛用自己独特的方式告诉了聋哑士兵"炊"和"吹"的不同。在解释"炊"的时候,她做出扇火的样子;在解释"吹"的时候,她就嘟起嘴做吹号的样子。聋哑士兵很聪明,很快就能领悟三毛的意思。

相处久了,三毛对聋哑士兵就了解得更多了。聋哑士兵是四川人,当兵之前在乡下种地,还娶过媳妇,当时媳妇快要生产了,母亲叫他去城里抓药。他在路上被阴差阳错地抓到了军队,后来就一直跟着军队流转,家中的媳妇生儿生女都不知道,就又稀里糊涂地辗转来到了台湾。

三毛曾经还在班级里讲过聋哑士兵的故事,同学们听得津津有味。老师则评价说聋哑士兵的故事都是假的,叫同学们不要当真。

这位大朋友给了三毛一段温暖的时光和温柔的陪伴。每到三毛做值日的时候,聋哑士兵都会帮她提水。每天早晨来到学校和晚上放学回家时,三毛都会和他打招呼。得知有人帮三毛提水,母亲也十分感激,因为她一直都很担心滚烫的热水会烫伤孩子。

聋哑士兵对三毛特别好,每天早上都会在学校门口等三毛,看到三毛进了校门,脸上便会绽放大大的笑容,然后就帮她拎书包,一直把她送到教室门口,才会拎着水桶离开。

聋哑士兵没有钱,但也会用心地给三毛准备礼物。他常常送给她芭蕉叶子,每隔三五天就会送给她一个方形叶子垫板。

三毛很感激,也懂得他的关心,经常会回送礼物给聋哑士兵,有的时候是美劳课的作品,有的时候是一颗话梅,有的时候就是放学带着他一起去玩跷跷板。聋哑士兵很重,所以不敢坐,总是很有耐心地用手压着跷跷板,听从三毛的指令,小心翼翼地升降。他们的游戏总是安静美好的，那段岁月的剪影，充满了温馨和快乐。多年后，三毛每每想起他们一起度过的美好时光，心头就充满了温柔和暖意。

然而，所有的故事都会迎来结局。当时年幼的三毛并没有想过，聋哑士兵只是她生命中的一个过客。

有一天，聋哑士兵神神秘秘地把三毛叫过去，然后摊开掌心，里面是一枚金戒指，那是三毛第一次见到金子。三毛很快地察觉到了一丝不同，那天聋哑士兵很严肃，脸上没有一丝笑容。他把那枚金戒指递给三毛，要送给她。三毛拼命地摇头，把手紧紧地背在身后。于是，聋哑士兵在地上写下缘由，说他不久将要离开，想要把他最贵重的东西送给三毛做纪念。

年幼的三毛一时不知所措，不知道该如何面对，说了声"再见"就跑开了。后来她偷偷回头，看见聋哑士兵低着头，呆呆地望着自己的掌心，不知道在想些什么，但三毛感受到了他的忧伤。

就在那一天，老师去三毛家中作了家访。三毛有些惊讶，因为一般家访都会提前通知，并且那天被家访的学生会和老师一同回家。这次老师突袭家访一定是有原因的，但她不知道自己犯了什么错误，母亲也没有说什么，一种不妙的感觉静悄悄地爬上了三毛的心头，她担心了一整夜。

第二天，老师把三毛叫到办公室，询问她与聋哑士兵结识的经过。三毛一五一十地回答,但是心中很慌,因为她始终不明白自己犯了什么错。后来老师问三毛聋哑士兵有没有对她做出什么不轨行为,当时的三毛还不明白"不轨行为"具体指的是什么,但敏感的她察觉到那一定是一个不好的词,于是非常气愤地哭了起来,没等老师发话就自己跑回了教室。

那天放学,老师一路拉着三毛的手把她送出校门。聋哑士兵一如往常地等候在校门口,但老师没有停步。三毛红着眼睛望着他,老师对聋哑士兵笑着点点头。但是走出校门口后,老师忽然换了一张严肃的面孔,叫三毛不许再和聋哑士兵做朋友,否则会给她记大过。见三毛要小跑着逃开,老师一把把她抓回来,直到她点头答应才放她离开。

第二天早上,毫不知情的聋哑士兵还一如往常地笑着迎接三毛,但三毛没有和他说话,像做了什么错事一样,也不敢直视他,快速地跑到了教室。聋哑士兵在窗外呆呆地望着三毛,三毛把头低低地埋在胸前,遮住自己的目光,也试图遮住自己的难过。上学的时候,三毛常常会在路上放慢脚步等同学,然后和同学们一拥而入地跑进学校。放学后也一样,她低着头背着书包匆匆离开,只能任凭那位大朋友在墙角呆呆地张望,逃避他的等待和关心。

在老师强硬的命令下,她失去了这位大朋友,不能再和他打招呼,不能再做他的小老师,不能再送礼物给他。那些美好的平静的时光,就这样被老师无情地打碎了。三毛当时还是个胆小怯懦的小学生,她没有勇气去反抗老师。但是,尽管她一直努力躲避聋哑士兵,还是在一次去提水的时候碰到了他。他一如往常地帮三毛拎水,三毛静静地跟在一旁。在快要走到教室的时候,聋哑士兵蹲在地上,红着眼睛用手指写了一串大大的问号。

三毛慌张地在地上快速写下:"不是我!不是我!不是我!"

聋哑士兵没有明白,接着写:"不是给金子坏了?"三毛拼命摇头,又不愿出卖老师,只是大喊着:"不要怪我!不是我!不是我!不是我!……"说完便难过地跑开了。

后来,聋哑士兵所在的军队要离开,他们走的时候很安静,队伍整齐地移动着。当时三毛正在上音乐课,学生们跟随着风琴的曲调唱着:"淡淡的三月天,杜鹃花开在山坡上,杜鹃花开在小溪旁……"三毛的目光时不时地斜向窗外,寻找着聋哑士兵的身影,却一直没有找到。

过了一会儿,老师换了另一首欢快的音乐,音符在教室里跳跃,学生们唱得高亢激昂,正在唱得起劲儿的时候,忽然有人来到了教室门口,老师紧张地询问缘由。三毛却惊喜地发现那个人正是她一直在寻找的那位大朋友。可老师对他没有半分友好的态度,而是歇斯底里地喊叫着让他赶紧出去。

三毛找准了时机,不顾老师的反应快速跑到了教室外面,把聋哑士兵喊了出去。聋哑士兵是来和三毛告别的，他将手中的一个纸包交给了三毛，然后认认真真对给她敬了一个军礼。这么短的时间发生了这么多事情，三毛有些手足无措，她呆呆地看着聋哑士兵，不知该做出什么反应。

不一会儿，聋哑士兵走了，留下一个沉重悲伤的背影。他送给三毛的纸包里装着他的地址和姓名，还有一大口袋贵重的牛肉干。在当时，那是只有在过年的时候孩子们才可以分到一两块的牛肉干。

老师看到了这些东西，自然不会留给三毛，她把地址没收了，牛肉干也没给她。校工养的土狗经过时，老师将装牛肉干的口袋半吊于空中，任由牛肉干从口袋里掉落在地上。那只土狗高兴地跳起来接着吃了，老师的脸上露出了满意的微笑。三毛的心头却像压了一块巨石，悲伤而压抑。

这份辜负人的愧疚一直埋在她的心底，始终难以释怀。聋哑士兵离开了她的人生，却成为镶嵌在她生命中的一块宝石，温暖了一段岁月，让平凡的生活绽放出了美丽的光。

三毛曾在自己的文章中写道："亲爱的哑巴'吹兵'，这一生，我没有忘记过你，你还记得'炊'和'吹'的不同。正如我对你一样，是不是？我的本名叫陈平，那件小学制服上老挂着的名字。而今你在哪里？请求给我一封信，好叫我买一大包牛肉干和一个金戒指送给你可不可以？"

漫漫人生路，不是每一个故事都有完美结局。三毛的呼喊，始终没有得到回应。人生中有些遗憾永远无法弥补，有的人来了又去，一转身便是一辈子，但至少我们曾经拥有温暖的交集，让一段不可复制的时光成为彼此生命中最珍贵的礼物。我们要学会的，不只是笑着面对离别，更要坦然地接纳遗憾。

第二章

雨季 · 在青春时光里装满渴望

① 第一次单纯的暗恋

年少的爱恋,是岁月里的美丽音符,跳动着生命最初的爱与纯真。

在某年浪漫的秋色里,三毛遇见了让她心动的男生。当时的三毛学到的知识越来越多,看到的世界越来越宽阔。

当时,学校每个学期都会举行一场校际同乐会。全校各年级的学生都会准备歌舞、话剧、乐器表演等相关节目。

这一年的同乐会,学生们准备了两个话剧节目。一个话剧节目由毕业班的班长排练,名叫"吴凤传",另外一个话剧节目叫"牛伯伯打游击",老师选了三毛的姐姐做主角。三毛的姐姐当时是学校里很有名气的学生,她成绩很好,人长得漂亮,性格又好,也很会与人交际,同学们都很喜欢她,叫她"白雪公主"。

三毛一直非常羡慕姐姐,无论走到哪里,她都闪闪发光,备受瞩目,尤其是她能担任这么重要的主角。而三毛长这么大唯一参演的歌舞剧就是演一棵树,在一场精彩的节目中,她只是一个人肉道具,从开始站到落幕,她一直撑着道具树。

两个话剧都是中午在学校的大礼堂排练,三毛中午吃完饭就会立马跑去看,看姐姐如何演绎舍生取义的剧情。虽然她觉得姐姐演得不好,但仍然难掩心底的羡慕,一遍又一遍津津有味地看话剧排练。

"吴凤传"排练完了,就到了排练"牛伯伯打游击"的时间。在排练了几天之后,老师觉得"牛伯伯打游击"的剧情缺少一些高潮情节,似乎应该在戏中为牛伯伯打游击的故事增加点难度,就临时插了一段内容。

老师随手指了指台下的三毛,叫她上去演匪兵乙。三毛就这样奇妙地拥有了一次表演机会。

从此以后,三毛每天中午都去排练,蹲在一个长板凳上,和另一个扮演匪兵甲的同学,各自拿着一支假装是长枪的扫把柄。在牛伯伯来回张望经过舞台上的黑色布幔时,匪兵甲和匪兵乙忽然跳出来,大喊一声:"站住!哪里去?"

扮演匪兵甲的是个男生,三毛对这件事一直有些难以置信,因为在当时的小学校园里,男生和女生之间是禁止说话的,也不会一起上课。如果某个男生对某个女生表示友好,或者笑一笑,被人发现后是会被大家取笑的。而在这样的环境下,老师竟然让一个男生和一个女生一起躲在布幔后的凳子上,的确很不可思议。

每天中午排练的时候,他们俩就静静地蹲着,关于那个男生的面容,三毛已经记不清楚了,只记得他是个光头,脑袋被刮得发亮。他们之间没有说过一句话,可这种又远又近的距离让她的心中朦胧地生出一种神秘而喜悦的感觉。在这寂静而短暂的时光里,恋爱的幼芽悄悄萌发,三毛爱上了"匪兵甲"。

美妙的时光总是很短暂,同乐会结束了,一起躲在布幔后的小欢喜也戛然而止,学校又恢复了以往规律的生活节奏。而在三毛的心中却埋下了一种微妙的期待,她开始期待一个又一个美丽的晨曦。因为只有在学校的朝会上,她才能向"匪兵甲"所在的队伍张望。幸好他是个光头,三毛很容易找到他,只瞄上一眼,就足以让她心中充满欢喜。暗恋的青果,在阳光下散发着年少的芬芳。

不过在演完话剧之后,还发生了一件让三毛很愤怒的事情。隔壁班级的几个男同学特别爱找碴儿欺负女同学,下课的时候就跑到女生班门口来叫嚣,说"匪兵乙"爱上了"牛伯伯"。

他们甚至还在学校的墙上写上了"牛伯伯"和"匪兵乙"正在谈恋爱之类的内容。对于当时的三毛来说,被误解比被欺负还要难受。

不过,在朝会的时候,三毛还是会一如往常地回头寻找"匪兵甲"。她看似毫不经意的一瞥,总会被另一双眼睛接住,虽然只有那么一瞬间，三毛却始终固执地相信，那其中是另有信息的。

平时，三毛吃完午饭，就喜欢趴在窗口向外张望，开始漫无目的地遐想。有一天，她意外地看到了"匪兵甲"和"牛伯伯"在操场打架。"牛伯伯"力气大，把"匪兵甲"按在了操场的泥地上。那天是雨后初晴，地上还有些小水洼，"牛伯伯"顺手抠了一大块湿泥巴拍到了"匪兵甲"的脸上。"匪兵甲"的鼻子和嘴都被湿泥巴盖住了，四肢在无力地挣扎。

那一刻，三毛难过极了，用手紧紧地抠着窗户，目不转睛地看着他们，最后紧张地跑到厕所里吐了。

经历过这一次，三毛尝到了暗恋的另一种味道，她感受到了强烈的心痛，也更加肯定了自己的爱情。喜悦、哀愁、期待……各种各样的情绪搅拌在一起，混合成一种奇妙的爱恋，在寂静的深夜里，肆意地生长起来。她在深夜中祷告，希望有神明能听到她的心声，让她长大后做那个人的妻子。这个愿望，纯粹而坚定。

这场炙热的暗恋，持续了很久。时光静静流淌，谁料他们还没有正式相遇，却迎来了分离。

校园的操场上，学生们在一起歌唱，很多女生哭得泪眼婆娑。司仪深情地引导着毕业典礼的流程，学生们一次次地向校长、主任、老师弯腰鞠躬，一步步地完成毕业典礼。但这一次，三毛没有再回头寻找那个身影,而是匆匆地和大家一起回到教室,收拾抽屉,丢书本,整理桌子,打扫卫生,一步步地为自己的小学生活画上句号。

放学的路上,她一路飞奔,甩掉了同行的女生,因为她心中一直有一个声音,或者说埋藏了一个美丽的期待。她跑到了每天放学都会经过的田埂,拼命地张望。阳光温柔地倾泻在大地上,田野还是那么美丽,周围却没有一个人影,根本没有人在等她。三毛虽有些失落,但这段爱恋在寂静中完成了灿烂的绽放。多年后,她再回忆起来,仍是一片温柔。

❷ 用文字唤醒灵性

当文字的力量汇成一束光,为灵魂插上翅膀,才会让人明白什么是真正的自由。

年幼的时候,三毛便对阅读充满了无限的热爱和向往。父母很注重孩子的阅读教育,给三毛创造了很好的阅读环境。

三毛是个性格敏感的孩子,在童年少了些疯玩儿的乐趣,更多的是与书为伴的沉静时光,也许正因如此,她在思想上显得有些早熟。

六岁的时候,她背上了小书包,开启了学习生涯。因为她在入学前已经有了阅读的基础,所以入学后学了拼音,认的字越来越多,读书也就更加顺利了。小学的时光课业压力小,对于早慧的三毛来说,更是容易得多。每一次在国文课本发下来后,她都会大声地朗读一遍,之后也就不再觉得新鲜了。

有时候三毛甚至会觉得国文课本的内容太浅,读着不过瘾,就开始阅读大量的课外书。每个月月中是《学友》和《东方少年》杂志发行的日子,她都会高高兴兴地把杂志捧回家,和姐姐一起阅读。

杂志的内容不多,很快就读完了,求知若渴的三毛就去翻哥哥们的书架。她翻出了鲁迅、巴金、老舍、周作人、郁达夫、冰心等人的作品,津津有味地阅读。她嗜书如狂,家里的书都翻完了,就会到邻近的书店去租书看。没有书可看的时候她就会缠着母亲要零钱,拿到零钱就会钻进书店里痴狂地读书。

年少的三毛并不知道读书能带来什么,但很享受每分每秒的阅读过程,从一个世界跳到另一个世界,可以随意地在书中自由穿梭。

最初,她阅读的都是一些儿童能读懂的故事书,如劳拉·英格儿的全套美国西部移民生活的故事书:《森林中的小屋》《梅河岸上》《农夫的孩子》《银河之滨》《黄金时代》等,她的知识也在阅读中慢慢增长。不知从何时开始,她埋头扎进了更深奥的西方名著世界。《三剑客》《基督山伯爵》《堂吉诃德》《飘》《简·爱》《傲慢与偏见》《呼啸山庄》……这些书对于一个儿童来说略显深奥,三毛却读得乐在其中。

她完全沉浸在书的世界里,于不知不觉中,她的灵性已被开启。书中的智慧像一束光,照进了她安静的少年时代。她的灵魂仿佛生出了一双翅膀,让她在更辽阔的精神世界里翱翔。到了五年级的时候，三毛的阅读能力已经远远超过同龄人。此时，她遇到了对她整个人生影响深远的一本书——《红楼梦》。

上课时，三毛把《红楼梦》藏在裙子下，偷偷地阅读。

"'我所居兮，青埂之峰；我所游兮，鸿蒙太空。谁与我逝兮，吾谁与从？渺渺茫茫兮，归彼大荒！'

"当我看完这一段时，我抬起头来，愣愣地望着前方同学的背，我呆在那儿，忘了身在何处，心里的滋味，已不是流泪和感动所能形容，我痴痴地坐着，痴痴地听着，好似老师在很远的地方叫着我的名字，可是我竟没有回答她。老师居然也没有骂我，上来摸摸我的前额，问我：'是不是不舒服？'

"我默默地摇摇头，看着她，恍惚地对她笑了一笑。那一刹那间，我顿然领悟，什么叫做'境界'，我终于懂了。文学的美，终其一生，将是我追求的了。《红楼梦》，我一生一世都会看下去。"

在《红楼梦》的启蒙下，她发现了文学之美，也爱上了这种美的"境界"，从此与文学结下了一生的不解之缘。

三毛非常喜欢的另一部作品就是金庸先生的《射雕英雄传》，纵然在课业紧张的小学六年级，她还是读完了这本书，读罢还意犹未尽地说："这种好书有种让人醒不过来的感觉。"

三毛由此爱上了金庸的作品，她爱这其中精彩的故事，人物的个性，以及作品内容的深刻内涵。金庸每次出新书她都一定会读，任何一本都不会错过。后来，她还曾发表过一篇阅读金庸作品的随笔。

小学的时候，课业相对轻松，就算三毛一直痴迷于课外读物，最终也考了不错的成绩，考上了省立女中。到了初中，课业更加紧张了，三毛仍舍不得放下阅读的爱好，导致初一的成绩直接滑到了中等生水平。

夏天，父亲晾晒家中的樟木箱子，里面有一些旧衣服，还有一些早被遗忘的中国通俗小说《水浒传》《儒林外史》《今古传奇》。看到这些书，三毛兴奋极了，恨不得马上饱览一番。可是很快她就陷入了纠结和矛盾，因为她刚刚花光了自己的零用钱，租下了书店的许多俄国小说《复活》《死魂灵》《战争与和平》《猎人日记》等，这些租来的书需要在规定的时间归还。所有的书，她都想看，忙得不可开交。

《水浒传》对三毛的写作笔法有很深的影响。她在作品集《撒哈拉的故事》中使用的生动活泼的白描手法，就是受了《水浒传》的影响。在她心中，《红楼梦》和《水浒传》是两部最好的写作教科书。

因为酷爱读书，所以三毛格外珍惜时间，她不放过任何一个可以读书的机会。有时候，她在公交车上抱住司机身后的一根横杠，就开始津津有味地读书，完全不受干扰。后来她又在大伯的书架上找到了《孽海花》《人间词话》《阅微草堂笔记》和《六祖坛经》。

在读书的过程中，文学雕塑了三毛的灵魂，拓宽了她的视野，也让她的精神世界更加丰富。但因为痴迷阅读，她在现实世界遇到了难题。

三毛是个胆小的孩子，性格敏感，她的年纪也比同班同学要小一些。小学的时候她的成绩还不错，可是到了初中，成绩就渐渐滑坡，偏科问题也很严重。尤其是数学成绩下滑得厉害，好的时候也考不过50分，其他功课相对好些。在初二的时候因为数学成绩很差，老师对她十分冷漠。因为性格敏感，她能明显感受到老师对自己的态度，上数学课的时候就会很紧张，头昏脑涨，思路也很不清晰，老师讲的内容更是听不进去，不知不觉就陷入了恶性循环。而上其他喜欢的老师的课程，她就会对老师教的课程内容更感兴趣一些。

数学课着实给三毛带来了很大的烦恼。不过，后来聪明的三毛发现了一个秘密，让她的数学成绩大有好转，可带来的结果却让她伤透了心。她发现数学老师出的题目都是在课本后面的习题中选择的，她便努力把那些习题背下来。因为记忆力很好，她每天可以背下来十道题。所以，经过一段时间后，她在小考中连续考了6个100分。这样的结果，让她很开心。可数学老师的反应却是她始料未及的。

一个一直以来数学成绩很差的学生，成绩忽然变好了？在老师看来，这十分不合情理。

有一天，在课间休息时，数学老师找到了三毛，叫她去办公室。三毛当时就有一种很不妙的预感，她本能是抗拒的，但是又没办法拒绝。

到了办公室后，老师丢给了三毛一张试卷，叫她在10分钟之内做出来。三毛仔细阅读了题目，发现上面都是初三的考题，10分钟后，三毛和老师说了"对不起"。老师挥挥手叫她回教室，拿着毛笔和墨汁紧随其后。

下一堂课开始的时候，老师当着全班同学的面，说了一句话："我们班上有一个同学最喜欢吃鸭蛋，今天老师想再请她吃两个。"她把三毛叫到讲台上，当着全班同学的面，将毛笔蘸满了墨汁在三毛眼睛周围画了两个黑黑的圈，画完之后还让她转过头给全班同学看一看。

三毛顺从地转过身，全班同学哄堂大笑。一直默默无闻的三毛从未想过，自己会以这样一种方式被全班同学关注。等到大家笑够了，老师叫三毛到教室的角落里罚站。三毛在煎熬中站到了下课，但老师仍旧没有放过她，又让三毛带着满脸墨汁从走廊走出去，到操场绕一圈再回来。

课间很多学生在走廊里开心地玩闹，看到三毛这副模样都尖叫起来。热闹的世界，她感受到的却是冰冷。无数异样的目光、讥笑、尖叫如同刀风剑雨，投射到她年少的心里。随后她又按照老师的要求，在操场绕了一大圈后才回到教室。

小小少女遭受了巨大的刺激和屈辱，但是这件事发生后，她没有流过一滴眼泪，也没有告诉父母自己经历过这样一件事。晚上，她回到房间，渴望用泪水洗掉自己心头的屈辱，可痛苦却深深地刻在了心底。

第二天，天亮了，太阳照常灿烂地升起，她依旧和往常一样穿衣、铺床、洗漱、吃饭、乘车、上学……一切平静如常，似乎没什么不同。但对于三毛来说，眼前的世界，已经悄无声息地爬上了一层灰色。她在讥笑的目光中走进教室，没有反抗，也不知道如何反抗，只是沉默。

第三天，她走在去往教室的走廊里，毫无征兆地忽然晕倒了。随着身体倒下，她就像推倒了第一张多米诺骨牌一样，发展成为严重的心理障碍，后来的情况一天比一天严重。早上一想到上学，她就会立刻昏倒，失去知觉，仿佛全身的器官都会听从潜意识的召唤，封闭起来。

第四天，她关闭了自己的世界，从此不肯再去上学。不去上学，能去哪儿？家是不能回去的。最终，她选择了公墓。世界是嘈杂的，到处都是人。唯有墓园里是安静的，也是能让她内心感到平静的地方。她可以在墓园里安静地读书，完完全全地沉浸在自己的世界中。

因为有了大把的时间，她可以阅读更多的书，所以她选择中午不吃饭，把母亲给她的零用钱全都用来买书。为了成功逃学不被发现，她便想了个办法，先去学校硬着头皮坐一天，让老师能够看见她，然后再逃学几天。

纸是包不住火的，秘密总会见光，三毛逃学的事情还是在数月之后被老师发现了。学校在发现三毛逃学后，给她的父亲陈嗣庆写了一封公函，告知他三毛逃学的事情。对此，父母没有半句责备，他们心疼自己的女儿，也比旁人更懂她几分。

对于三毛的选择，父母表现出了极大的开明和理解，他们从没有逼迫三毛一定要去学校读书。三毛的母亲缪进兰最大的希望就是女儿不要受伤太深，她懂得女儿的纯真个性，知道女儿无法容忍世界里的虚假。父母最终决定让三毛休学。

相比学业来说，父母更在乎孩子的平安和快乐。刚休学的时候，父母十分着急，想尽办法，希望能够帮三毛敞开心扉，感受世界的美好，重新回归成长的轨道。所以他们也曾尝试着让三毛进入美国学校，学插花、学钢琴、学国画……父母做出了极大努力，尝试了很多办法，却始终没有一件事情能帮她敞开心扉，只能任由她休学在家。

休学在家的时光是寂静的，她的世界就是那幢日式的老房子。她接触的人，只有父母和姐弟。家中的大门是敞开的，可她从来没有走出去的欲望。她更喜欢在家中安静地读书，此外唯一的活动，就是在无人的午后绕着小院溜旱冰。

时光在平静地流淌，而属于三毛的人生，却从此画上了长长的休止符，寂静、无声。直到她遇见了生命中一个重要的人——顾福生，她的生命才再度焕发生机，蓬勃生长。

③ 让生命照进一束光

未知的人生，充满着无穷的魅力，它可以是平凡而平静，也可以是澎湃而汹涌。处于迷茫时期的三毛，终于在未知的人生中迎来了一束光。

文字唤醒了三毛的灵性，而绘画激活了她的审美细胞。在五年级的时候，三毛爱上了美术课。起初，她还曾为美术课感到痛苦，因为美术老师总是拿着一些方形或圆锥形的石膏，放在讲台上叫学生们画。画得越像分数越高，她很不喜欢这种刻板的教学方式，既然要画得特别像，那么为什么不干脆去拿照相机照下来呢？名曰"美术课"，可是老师从来没教授过"美"，只是教了"术"。

三毛是个非常有想象力的孩子，可在当时的美术课上，她的想象力都无法得到施展。美术课分数总是很低，原因很简单，因为她总是画不像，常常被认为没有艺术天分，所以让她很自卑，但是三毛心中对绘画艺术是充满热爱的。

很长一段时间里,三毛在美术课上都是个差等生,老师常常罚画得不好的学生去帮他打扫房间。这样一来,三毛更加讨厌美术课。但一次意外的出现,让三毛与美术结缘了。那时部分军人为了参加十月份的阅兵礼,到学校暂住。学生们很开心,因为这会让原来平淡的生活变得有趣不少。

那时候三毛很喜欢玩单杠,她可以用双脚像蝙蝠一样倒挂在单杠上,还能大幅度地来回晃动,有时候倒挂得鼻子流血才会翻下来,看着血迹甚至还会萌生出一种成就感。

有一次,三毛玩倒挂单杠的时候,流了鼻血,一个碰巧经过操场的少校看到三毛正用袖子擦鼻血,关切地告诉三毛不要再玩倒挂单杠了,并且把她带到房间用毛巾帮她清理鼻血。三毛乖乖地站着,少校温柔地帮她洗脸。就在那时,她看到了这位少校房间里的一幅素描。光影交织,映衬着一张小女孩的脸,那张脸如同天使一般美丽纯净。

在无声中,她感受到一种强烈的美的震撼,像在寂静的深夜绽放了一束烟花,惊艳了整个夜晚。透过那一张画,她领悟了绘画艺术的魅力。

从此以后,她每天都非常期待下课铃声响起,然后冲到教室对面的礼堂外,隔着窗户远远地看那幅画。有时候她还会拉着同学一起看,大家也都觉得那幅画很好看。但时间久了,新鲜劲儿一过，其他同学也就不再注意那幅画了。只有三毛，心心念念地每天都要去看。那幅画里的女孩温柔地笑着，美好的笑容在她的心底静静绽放，滋生出一种奇妙的情愫。

后来，军队撤离了学校，这也就意味着她没办法再见到那幅画——那张美丽的笑脸。不过，她从没有动过向那位少校讨要那幅画的念头。对于三毛而言，这幅画已经完成了它的使命，打开了她对美的领悟，让她见识了生命的另一种美。

初中时，三毛休学了，她度过了一段漫长而孤寂的日子，最终是绘画再次点燃了她生命中的希望之光。

起初，三毛的父母为了帮助她打开心结，便引导她去学画画，希望通过色彩驱散她心中的阴霾。父母为她请的第一位老师是黄君璧先生，三毛跟着黄先生一张张地临摹山水画。虽然黄先生的绘画技艺高超，但是对于三毛来说，黄先生的课似乎和学校的美术课一样枯燥乏味，很快就让她没了兴趣。

父母以为她不喜欢山水画，又请了另一位老师，让她投到邵幼轩先生门下学画花鸟。邵先生非常疼爱三毛，知道她不喜欢枯燥的临摹，便早早地开始教她创作。在邵先生的指导下，三毛的绘画技法有了很大的进步，也创作了几幅不错的花鸟画。可那细腻柔软的线条终究无法愈合少女心中的痛，无法释放她内心的渴望。

比起国画，三毛似乎更爱西洋绘画。有一段时间，三毛的堂哥陈懋良寄宿在她家。她的这位堂哥有个性、有追求，当初因为迷上了音乐，便要放下学业去追求音乐梦想，当着三毛父亲的面，把学生证撕得粉碎。长辈们没有办法，最后只得顺从了他的心愿。也正是在那段时间里，三毛收到一份来自堂哥的珍贵礼物——一本毕加索的画册。那一次，三毛彻彻底底地被那本画册吸引了。毕加索的画燃烧着旺盛的艺术生命，华丽而神秘，让她沉醉不已。

三毛如痴如醉地浏览了毕加索的桃红时期、蓝调时期、立体画、变调画，甚至后期的陶艺，她感受到了来自生命深处的力量。从那时起，她爱上了毕加索，少女的倾慕之心在美丽的色彩中绽放，在那段自闭的时光里，她的生命不再灰暗。冥冥中，这一切为她埋下了命运的伏笔。

一个偶然的机会，三毛的姐姐陈田心带朋友们来家中玩。他们一群人在开心地吃东西、聊天，三毛则孤独地躲在角落里。

姐姐的聚会，愉快而热闹，高潮迭起。兴之所至，一个叫陈骕的男孩要给大家画一幅战争图，说完就趴在地上开始画起来。一场骑兵队和印第安人的战役在他的笔下逐渐鲜活起来。

三毛当时并没有凑上前去观看，但是早已被吸引。等到其他人散去，她才去偷偷地把这幅画看个够。那幅画极具张力，有倒在地上的战马，有白人中箭，也有印第安人在大声嚎叫，一副惨烈的战争景象跃然纸上，三毛深受感染。也正是这幅画，在不经意间将三毛的人生引向了希望的港口。

后来，陈骕对三毛说，他曾跟随老师顾福生学过油画。顾福生的名字，就这样深深地印在了三毛那片沉寂的心海里。她把自己想和顾福生学画的想法告诉了父母，父母激动不已。因为他们一直希望通过什么方法帮这个敏感的孩子打开心扉，结果尝试了许多方法最终都失败了。而这一次，三毛竟然主动提出要学画画，让父母尤为欣慰。

顾福生是将门之后，但是他对艺术有着执着和热爱之情，所以最终选择了走艺术道路，后来成为"五月画会"的画家。当时，一些画家们喜欢集结在一起，想办法推动现代艺术的发展。在1957年的台湾地区，有两个比较有名的画会，"东方画会"和"五月画会"。"五月画会"多数是来自师范大学的美术系大学生，这些人具有旺盛的艺术创作力。

第一次见顾福生的过程，她始终记忆犹新。

顾福生的家在泰安街的二巷二号。那是一个炎热的午后，三毛按响了门铃，随后被人引路进了这座深宅大院。三毛有些许紧张，过了一会儿，她见到了她崇拜的画家顾福生——这个改变了她一生的人。

顾福生的年纪不大，那一年他刚刚25岁。在三毛眼中，顾福生是个极其温柔的人，他对三毛退学的事情并未过多询问，表现得很自然。他也不像一个教育工作者，更像一个能够全身心投入绘画创作的艺术家。凭着这样的直觉，三毛对他多了许多好感，心中也自然而然地接受了这位老师，开始专心学习油画。

一个人对一件事因为心怀向往，所以便会倍加珍视。第一堂课，三毛非常紧张，但是又充满了期待，她很久都没有过这种感觉了。

当天回来后，她要母亲为她准备一个新鲜的馒头，因为老师说那是用来擦炭笔素描的。母亲答应了，告诉她三天后再上课的时候去买。可向来沉默懂事的三毛竟然开始和母亲闹，要求母亲马上去买馒头，因为她担心三天后会出什么差错，买不到馒头。

事实上，如果马上去买馒头，过了三天后，买来的馒头就没法用了。但这样一件小事却预示着三毛心理上的重大转变，她已经在不知不觉中点亮了对未来的期待，并开始为这份期待而紧张，她的生命中重燃了最美好的东西——希望之光。

在现实生活中，情绪远比困境要沉重。一个人想要走出心灵的自闭状态，很难。三毛选择了勇敢地撕开生命的裂缝，让光照进来，虽然这漫长的心路走得并不容易。

三毛因为没有西方绘画基础，所以画得糟糕透了。接下来的两个月，三毛耐着性子苦学，但仍没有太大进步。顾福生的性格很好，总是耐心而温和地教导她。可他越是温柔细心，三毛便越是感到内疚，这种愧疚感在日积月累中越发沉重。

有一天，三毛非常难过地告诉老师，自己不是学绘画的料，也没有这方面的天赋,所以她不想再继续拖累老师了。说完后,她忧伤而自卑地低下了头。

顾福生温柔地笑了,但并没有答应她的请求,也没有允许她放弃。当日下课后,他给三毛拿了几本文学杂志——《笔记》杂志合订本和几本《现代文学》杂志,并叮嘱她回家后要好好阅读。在送三毛出门的时候,顾福生用商量的语气和三毛说,下次画画课先放下素描,改画水彩,是否可以。他明白三毛的敏感和忧愁,小心翼翼地呵护着她自卑而脆弱的心灵,希望通过色彩唤起她对绘画的兴趣。

4 一双红皮鞋的意义

对于三毛来说,画画有些难,但是她的读书兴趣始终浓厚。她把杂志拿回去后,关上房门,打开灯,就痴痴地阅读起来,沉浸在文字构建的世界里。从这时开始,她接触了现代文学。虽然那只是平常的一天,但是在她的生命中埋下了一颗种子。

这些杂志和她以往所读的古典文学作品的形式不同,以一种崭新的面貌撞击着三毛苦闷的灵魂,迸发出了美丽的火花。

为了继续探索这个崭新的文学世界,三毛还去找了一些其他现代文学风格的书籍,如萨特的《厌恶》、卡夫卡的《城堡》、加缪的《异乡人》、芥川龙之介的《罗生门》《河童》,以及爱·伦坡、马尔克斯、福克纳等人的作品,还有一些台湾地区的现代派小说。她如痴如醉地阅读着,吸收着新鲜文学血液的营养。

在接触了现代文学后,三毛在不知不觉中发生了很大的变化。第二周,她没有去顾福生那里上课。到了第三周的时候,她见到了顾福生,开始变得话多了起来,有了强烈的表达欲望,一直滔滔不绝地和顾福生讲着她在近期阅读中获得的感动、震撼。那时候的三毛,眼眸里闪烁着灵动的光辉。

在诸多优秀作品中获得感动和震撼的三毛萌发了强烈的创作欲。十七岁的少女,在经历了漫长的沉寂时光后,迈出了创作的第一步。多年来的阅读塑造了她血肉丰满的灵魂,坐在卧室的书桌旁,她拿出纸笔,放飞了思想。

有一天,在顾福生那里下课后,她把自己写的散文交给了他。顾福生看了看就收下了,没有说太多。起初三毛也只是想把自己的文章分享给老师读一读,但没想到一周之后发生了一件令她意想不到的事情。

那天,顾福生很平静地告诉三毛,稿子他看过了,写得不错,已经交给了白先勇先生,一个月后会在《现代文学》刊出。当时,《笔记》《现代文学》杂志是台湾地区现代派文学的两个重要阵地,《现代文学》月刊主编白先勇是顾福生的朋友。

这一句轻描淡写的话,如万钧雷霆一般击中了三毛的心。她激动地看着他,不知道该说什么好,最后强忍着激动的心情试探地问:"没有骗我?"

顾福生依旧淡定地回复三毛,下个月就会刊出来。三毛第一次创作的作品就能发表,这的确很难得。顾福生的淡定和从容,让三毛内心的激动化成了柔软的感动，她向往已久的文学梦就这样攸然而至。1962年12月，三毛的处女作《惑》在《现代文学》杂志上发表了。

"黄昏，落雾了，沉沉的，沉沉的雾。窗外，电线杆上挂着一个断线的风筝，一阵小风吹过，它就荡来荡去，在迷离的雾里，一个风筝静静地荡来荡去。天黑了，路灯开始发光，浓得化不开的黄光。雾，它们沉沉地落下来，灯光在雾里朦胧……天黑了。我蜷缩在床角，天黑了，天黑了，我不敢开灯，我要藏在黑暗里。是了，我是在逃避，在逃避什么呢……"《惑》是一篇三千多字的散文，她在文章中歇斯底里地宣泄着自己的困惑和情感，诉说着她如何被电影《珍妮的画像》插曲触动的经过。

对于后来发表过很多优秀作品的三毛来说，这也许只是诸多文章中寻常的一篇。但这一篇文章是她人生的转折点，它打开了三毛自卑苦闷的枷锁，也让她珍贵的文学才华初现光芒。

作品发表的那天，三毛激动地把发表了自己作品的杂志，视若珍宝一般捧回了家。父母激动地阅读着女儿的文章，眼角闪烁着激动的泪花，心中充满了复杂而温暖的情感，是欣慰，是感动，是惊喜……

把三毛带向文学之路的人生导师，正是顾福生。作为一名绘画老师，他没有单纯地忠于自己的绘画教学职责，而是因材施教，温柔耐心地帮助这个敏感迷茫的孩子去寻找属于她的人生光芒。也正是在他的指引下,三毛完成了生命中的第一次华丽蜕变,走出了寂静而自卑的苦闷时光,走向了文学、自由与梦想。

阅读能丰富人的视野,也能为创作提供灵感和素材。正是阅读循序渐进地把三毛带入了文学的广阔世界,让她的创作才华在文学的沃土里渐渐绽放光芒。她的生命也因此变得丰富多彩,她开始期待生命中的更多美好。

在某一天金色的黄昏,三毛像往常一样在顾福生家中学画。忽然一阵笑声打破了小院的宁静,她抬头望去,是顾福生的四个姐妹走进了院子。她们不仅长得漂亮,还打扮得很美。

在三毛眼中,她们光鲜而耀眼,而那束光也让三毛看到了自己的灰暗,和她们相比,自己就如同丑小鸭一般。从她意识到自己灰暗的那一刻,她开始像普通的女孩们一样向往美丽。

后来,三毛向母亲提出要求,想打扮自己。有一次三毛和姐姐一起跟着母亲到鞋厂定做皮鞋,她心满意足地选了一双美丽的红皮鞋。对于三毛来说,这双红皮鞋意义重大。她曾经把自己藏在一个灰色的世界里,而那一刻,她开心地穿着这双散发着温柔霞光的红皮鞋,准备走向丰富灿烂的世界。

在穿衣打扮上,三毛其实一直很看重鞋子,因为鞋子里包裹着不少她的美丽回忆。小时候,她常常坐在小板凳上,沐浴着温暖的阳光,津津有味地看着家里的佣人做新鞋。见鞋子做好后,她便会迫不及待地选择一双自己十分中意的小花布做鞋面。

在搬到南京之后,她常常和哥哥在冬天打雪仗,在后院被大鹅追赶,在假山上采桑叶……而这些愉快的往事都离不开一双穿着舒服的鞋。

有一次,母亲在圣诞节的时候给她买了一双小皮鞋。那是她第一次穿皮鞋,皮鞋硬硬的,穿起来不太舒服,没几天就过了新鲜劲儿,她又怀念起以前的旧布鞋。

读小学的时候,三毛常常穿白鞋,她很爱惜自己的鞋子,认真地清洗,洗干净之后还会涂上鞋粉,让鞋子更加洁白闪亮,再穿上一双白袜子,非常漂亮。直到她关闭了心门,不再上学,将生活局限在了高高的院墙内,不需要走多远的路,便不再需要鞋子。直到遇见了顾福生,她打开了心门,从前所热爱的一切都开始苏醒。

三毛越来越喜欢打扮自己,后来街上开始流行穿细跟的高跟鞋,三毛也会赶时髦去买来穿。她穿上高跟鞋之后不仅感觉长高了一些,还感觉自己成熟了不少。三毛的鞋子越来越多,她每天出门之前,都面对着一堆美丽的鞋子难以抉择。因为不同的鞋子踩在脚下,展现的是一个人的尊严和自由以及对生命的态度,这是三毛对鞋子的独特领悟。

三毛一层一层地拨开眼前的阴霾,走向了灿烂的生活。而这个将她引向光明的摆渡人却要离开台湾,到艺术之都巴黎去深造。虽然心中对顾福生拥有诸多不舍,但是三毛已经不再敏感自卑，而是越发地自信美丽。

离别是伤感的，但也可以是美丽的。三毛穿着一件绿色的裙子，打扮得非常漂亮地去参加他的道别舞会，为他送去美好的祝福。

彼时的三毛已经出落成一个娉婷少女，在舞会上优雅起舞，给众人留下了很深的印象。也正是在那次舞会上，她正式认识了白先勇先生。

轻歌曼舞后，一群朋友们为顾福生送行。轮船载着顾福生渐渐消失在天际，三毛与他的师生情谊也就此中断。但临行前，顾福生仍不放心三毛。因为当时的三毛刚刚走出自闭的阴霾，为了让三毛不感到孤单，顾福生给她介绍了一批年轻的朋友，这其中包括一些"五月画会"的画友，还有一些文学爱好者。三毛的第一个朋友叫陈秀美，就是后来的女作家陈若曦。

顾福生离开了，但他已经把三毛带向了多彩的世界。在他离开后的日子，三毛的生活变得丰富而忙碌。她常常画画、交友，参加各种各样的沙龙和舞会，忙得不亦乐乎。

后来在和好友陈秀美聊天时，对方建议她到台北华冈的文学学院做个选读生，那里刚刚开办一年，教学声誉很好。向来求知欲旺盛的三毛听了这个建议后，十分动心。当天就给文学学院的校长写了一封求学信，信中洋洋洒洒地叙述了自己失学和自学的经历，并言辞恳切地表达了自己的求学之心。文学学院的校长张其昀(晓峰)是个爱才惜才之人,在收到信后,很快就回复三毛,允许她即刻到学校报到。

就这样,三毛拥有了一次重新回到校园学习的机会。在去学校报到的时候,三毛带去了自己很多发表的文学作品和绘画,校长看后十分欣赏,并建议她去读文学或者艺术专业。但三毛经过再三思量,选择了哲学系。原因很简单,她渴望去探索一个困惑了无数人的问题——人是为了什么活着?

第三章 爱恋・有一种缘分叫遗憾

① 爱上你，忘记你

人生兜兜转转，三毛重新回到了书香四溢的校园，回到了正常的成长轨道，畅享飞扬的青春。

在大学里，三毛依然热爱读书，不过，彼时她已经不是那个脆弱的小女孩了，而是热情闪光、思想澎湃的大学生。有时候发现班级里的同学在读她没有看过的好书，她就会千方百计地找来读一读，下足功夫揣摩一番，还能滔滔不绝地发表自己的独特见解。有时候她也会为一些关于书的观点或想法和同学们激烈地争辩，她很享受这个知识输入和表达分享的过程。

总体而言，她的大学生活过得平静而美好。不过在大学期间，还有一件事情对于三毛来说意义重大——她遇见了初恋。

在遇到初恋之前，情感丰沛的三毛曾有过几次暗恋，那都是少女关于白马王子的情感寄托和梦幻。而在大学里，她遇见了一个叫梁光明的优秀男生。他当时就读于戏剧系，入学前当过兵，大学二年级的时候已经出版了两本集子，是学院里的风云人物。这样一个出色的才子自然躲不开三毛的"法眼"，怀着一种崇拜的心情，三毛找来了他的作品拜读。文字里包裹着梁光明的思想与情感，淋漓尽致地展现在三毛面前。读罢之后三毛更是对这位才子产生了浓厚的倾慕之情。

恋爱的种子，在文字的土壤中蓬勃生长。三毛成了梁光明狂热的粉丝，大胆地去追逐偶像的身影，总会有意地出现在他出现的地方。为了引起梁光明的注意，三毛有时会放弃自己的课程，到戏剧系去旁听。他去面馆吃面，她也会偷偷跟去。遗憾的是，梁光明并没有注意到这位充满期待的崇拜者。

几个月过去了，三毛也没有找到合适的搭话机会。不过敏感的三毛觉得，梁光明一定察觉到了自己，只是没有给她回应。她一面饱尝着单恋的煎熬，一面对这个男孩充满了期待。那种味道，就像微微苦涩的糖衣下包裹着的一颗糖。

她无数次地期待一次美丽的相遇相知，对自己的初恋充满了甜蜜的幻想，也为此创造了许许多多次机会。上天仿佛听到了她的心声，她终于等到了一次与他近距离接触的机会——梁光明就那样在不经意间出现在了她眼前。

在大学期间，三毛一直在报刊上发表作品。有一次，她在教室里用新收到的稿费请客，和同学们聚会。一群年轻人聚在一起，喝着米酒，放声高歌，纵享青春的潇洒快意。正在热闹之时,一个高年级的男生推门而入,三毛定睛一看,这个男生正是她心心念念的才子梁光明。

三毛满心欢喜地为他倒了一杯酒,梁光明一饮而尽后便和其他同学一起聊天。而他的一举一动,始终都在牵动着三毛的心。三毛觉得他最后肯定会向她道贺,说上几句话,拉开缘分的序幕。可遗憾的是,她热烈的期盼最终还是落空了,梁光明虽然喝了三毛为他倒的酒,却没有给三毛任何回应。

梁光明很轻松地和别人挥挥手告别后,就潇洒地离开了。可三毛的心中就像压了一块大石头,使这场原本充满惊喜的聚会瞬间就变得索然无味了。

三毛转念又想,他是在乎的吧,否则他完全可以大大方方地同她说话。各种思绪在她的脑海里乱窜,她拿起酒杯,一杯又一杯地喝着,用酒精浇灌着心头单恋的苦涩和失落。

聚会散了,心烦意乱的三毛独自来到空旷的操场上,漫无目的地走着,任由思绪随意飘荡,她希望通过这种方式放空自己,以排遣心中的失落。可意想不到的事情再次发生了,就在她万分失落的时刻,缘分悄然而至。

她向前走着走着,忽然发现了一个期盼已久的熟悉身影。那个人,正是梁光明。三毛的心情就像过山车一样,在跌入谷底后又开始猛烈地狂跳。她难以控制心中激动的心情,一种强烈的念头涌入脑海,她不想再一次面对遗憾的结局,更不想永无止境地陷入单恋，她渴望获得一份爱情。

对爱情的期待，让她变成了追爱的勇士。于是，她紧张地走向梁光明，在他面前站住。两人四目相对，没有任何言语。

过了一会儿，三毛轻轻地拔出了梁光明衬衫兜里的钢笔，在他的掌心写下了她家的电话号码。书写这简单熟悉的几个号码时，三毛紧张得不得了，满脸涨得通红，最后交还了他的钢笔，点了个头，一句话也没有说，就羞涩地跑开了。

她没有回教室，而是逃课回家了。整个下午，三毛都在默数着时间，在焦灼中默默等待，等待爱情的梦想照进现实，等待那个她倾慕已久的人能和她说点什么。

每当电话铃声响起，她的心就会紧张得狂跳，然后迅速地冲到客厅去接电话。她一次又一次地接起电话，然后一次又一次地在饱尝失望后又为自己点燃了希望。这折磨人的爱情，可恶又美好。

晚上五点半左右的时候，电话铃声又一次响起。三毛迅速抓起电话，她终于等到了渴盼已久的声音——梁光明打来电话了。

在电话中，梁光明温柔地对三毛发出了邀请，和她约定，晚上在台北铁路车站的铁路餐厅门口见面。

听到梁光明发出了约会邀请，三毛没有半点少女的忸怩便欣然答应，并告诉他，她会早一些到。就这样，三毛怀揣着甜蜜的期待迎来了人生第一次恋爱约会。

梁光明问她是否愿意一起去淡水旅行，三毛欣然答应。于是两个人一同走进了火车站，开始了一段幸福的青春旅程。

初恋与青春碰撞，就成了一首甜蜜的欢歌。仿佛曾经所有的苦闷和悲伤，在这段喜悦的人生篇章中都得到了补偿。直到许多年以后，三毛仍对这段美丽的时光念念不忘。

三毛曾在文章中回忆这段时光："一直跟着这位男朋友——如同亲人般的男同学，到大学三年级。随着相处时日的增加，恋爱并不是小说中形容的空洞和不真实，许多观念的改变、生活的日渐踏实、对文学热烈的爱、对生命的尊重、未来的信心、自我肯定、自我期许……都来自这一份爱情中由于对方高于我太多的思想而给予的潜移默化。"

这份爱，承载的是爱恋的甜蜜、青春的成长。他们一起在花前月下有说不完的浪漫话题，不知不觉就度过了两年的美妙时光。

时光荏苒，三毛转眼就到了大学三年级，梁光明比三毛高一个年级，即将毕业。这就意味着梁光明要先行离开大学校园，走入社会。

面对分离，仍在热恋中的三毛忽然生出了一种不安全感。为了留住这段美好的爱情，给它一个归宿，三毛提出了结婚。梁光明没有答应，他的理由是，先把事业稳定下来，再去结婚也不迟。

三毛又提出自己可以休学，和他一起赚钱谋生，梁光明仍然摇头。她最终没能用婚姻留住这段爱情。于是，她又退了一步，给了梁光明一道选择题，要求给她一个"感情的保证答案"，要么给她一个爱情的承诺，要么，就与他爱的姑娘分手。如果他选择了后者，她便会离开，远走他乡到西班牙去留学。

她提出了这个有些孩子气的选择题，以为自己会得到想要的答案。遗憾的是，梁光明选择了后者。三毛步步紧逼，最后不得不假戏真做，办理了去西班牙留学的手续。

这个爱情至上的女孩，在临行前的最后一夜仍旧怀揣着希望。那天，在她的房间里，三毛和梁光明面对面地坐着。三毛又一次告诉梁光明："如果你告诉我一个未来的话，机票和护照我都可以放弃。责任由我自己来承担，我向爸爸、妈妈去道歉，只要你告诉我一个未来。"

听了三毛的话，梁光明落泪了，却始终咬紧牙关，祝福她旅途愉快，并没有给她一个她想要的"未来"。也许当时三毛的心中充满了失落和苦涩，但多年以后，回头一望，这段感情其实已经没有任何遗憾，更多的是一种面对现实的内心的成长。

这段刻骨铭心的初恋，不仅给三毛留下了一段难忘的回忆，还在后来的人生中激发了她源源不断的创作灵感。其中最具代表性的是两首歌，一首是《回声》专辑中的《七点钟》，另一首是三毛为林慧萍创作的《说时依旧》。多年后我们仍然可以在歌词中看到三毛当年恋爱时的深情:"重逢无意中相对心如麻／对面问安好不提回头路／提起当年事泪眼笑荒唐／我是真的真的真的爱过你／说时依旧泪如倾／星星白发犹少年……"

　　纵然最终分手了,这段感情体验也是幸福的。又或许因为梁光明的坚决,才让他们彼此之间留下了一段永恒而美好的青春之恋,收获了成长。或许,这就是初恋最美好的意义。

② 洒脱的东方公主

曾经拥有过爱情的人都懂得,爱有多深刻,就有多苦涩。刚刚同恋人分手的三毛,倔强地为爱情画上了一个苦涩的句号,强忍着泪水和亲人道别,踏上了一个人的旅程,离开了自己舒适的家,离开了朋友和她熟悉的一切。

母亲泪水涟涟,依依不舍地望着女儿远去的背影。飞机慢慢升空,父母的身影越来越小。三毛靠在椅子上,已经没有了回头路,未来的风雨之路只有靠自己去走了。

未知的生活里,有陌生,有恐惧,有思念,也有孤独,但也藏着新鲜、惊喜。尽管第一步走得艰难,但她走出去后,便知天高海阔,可见万里山河。

年幼的时候,世界就在眼前,自己每天都能见到家人、同学、老师。长大之后,书读得多了,三毛才知道,除了自己见过的中国人,世界上还有其他国家的很多人,他们有着不同的样貌，不同的文化，不同的生活环境。这一次，她要亲眼看看中国以外的世界。

这是三毛第一次走出去，她来到了西班牙的首都马德里。从前，她对外面世界的了解都是源于书本中的想象。这一次，她终于可以亲历另一个截然不同的精彩世界。但世界如此大，她为什么偏偏选择了西班牙？这也许源自一段偶然的缘分。

三毛在大学三年级的时候，偶尔听到了一段古典的西班牙音乐，美妙的音乐温柔地轻抚着她的心田。她的脑海里浮现出一幅关于西班牙的美丽画面：田园牧歌、白色的房子、美丽的葡萄园……这一切都令她无限神往。所以，饱受爱情痛苦的她做出了去西班牙留学的选择。

到了西班牙后，三毛被父亲的朋友接到了西班牙"书院"的宿舍，开始了另一段充满美丽与哀愁的青春岁月。

西班牙的一切都是全新的，也是陌生的。三毛在这里谁也不认识，又语言不通，所以拼命地学习语言，心中唯一的寄托就是给家里写信。可她在信中又只字不提西班牙生活的辛酸，内心的苦涩不知如何排遣。

这所学院以前一直没有中国学生，所以三毛看她们是洋人，她们看三毛也是洋人。大家来自不同的国家，拥有不同的文化，陌生中带着强烈的新鲜感，在同一屋檐下便会碰撞出各种各样的故事。

三毛住的宿舍是四人间，这是她第一次和这么多人同住，很不习惯。从没有经历过集体生活的三毛，再加上语言不通，想融入新环境确实有不小的难度。不过，她想起临行时父母的嘱托，又想着尽快地学习新的语言去融入环境，所以她非常温和有礼地去和住在同一屋檐下的新伙伴打招呼，小心翼翼地去接触陌生的一切。

起初的几个月，三毛学习了一些西班牙语，开始尝试和他人沟通。这些同学对三毛很热情，下课的时候常常有人教三毛西班牙语。因为西班牙语还没有学好，三毛在上课的时候常常听不懂老师讲的内容，也会有同学主动把笔记借给她看。

在宿舍里，大家每天的生活都非常有规律。她们在清晨起床，然后四个人一起整理内务，铺好床铺，打开窗户、扫地、擦桌子、整理衣服……每天九点钟的时候院长会来宿舍检查卫生。

刚开始，同宿舍的同学对三毛很照顾，除了让她整理自己的床铺，其他的活都不会让她去干。但这种情况在不知不觉中发生了变化。大概三个月以后，三毛就开始不定期地铺自己的床，又去帮别人铺床。她一个人在宿舍里擦桌子、擦地、丢垃圾……而同宿舍的同学则跑进跑出地忙着各自的事情，每次都会给她一个灿烂的微笑，但不再关心三毛一个人打扫卫生的事情。

终于有一天，三毛再也无法忍受，在一同就餐的时候提出了以后各自的床铺自己去铺，轮流打扫卫生的要求。几个同住的同学都欣然同意。可第二天，她们在铺过自己的床后，仍然没有人去打扫宿舍卫生，宿舍里乱糟糟的。三毛看不过去，又默默地开始打扫，虽然心中有气，却又拿捏不好到底该如何去做。每每这个时候，父母的嘱托便会在脑海里飘出来——凡事要忍让。

渐渐地，任劳任怨的三毛成了宿舍里最受欢迎的人。起初她曾傻傻地为此感到庆幸，觉得是自己人缘好。尤其是对于一个她这样初来乍到的人，十分受用。别人的请求，她也基本都会答应，曾经倔强、有个性的女孩，在探索陌生环境的过程中变成了不折不扣的"老好人"。

刚到西班牙时，三毛有许多漂亮衣服，院长特地给她准备了一个大衣柜。起初，三毛的衣服都是她自己一个人穿的。后来，她和同学们熟悉了，她的衣柜便不再属于她一个人了。每天都会有不同的同学来向三毛借衣服，她还要帮她们挑选，可心中早已变成一团乱麻，矛盾的思绪在心中横冲直撞。

人与人之间的沟通也是一种情感的博弈，你弱下来，对方便会向前一步。那些同学开始很守规矩，有借有还。时间久了，同学们看三毛态度温和，很好说话，便开始自己动手去拿衣服，不再告知三毛。有免费的漂亮衣服可以穿，大家自然是非常高兴，对三毛也很热情，可三毛的心底却因此越发地不堪重负。

这个性格温和的"老好人"越是不懂得拒绝，身边的人也就越发大胆。三毛帮同宿舍的同学收衣服、熨衣服，给晚归的同学开门，帮同学打饭，被同学随意使唤。有时候，宿舍卫生检查没过关，同宿舍的同学反而怪她没有打扫干净。三毛义务提供的帮助，在她们心中变成了理所应当的责任。

在日复一日的忍气吞声中，三毛被同宿舍的同学选为了宿舍代表，可其实并不是什么厚待，而是让她更加理所当然地做宿舍里的杂务。

在这不同于中国社会的环境中，父母的礼教，的确让她在这里大受欢迎，却也让她成了别人眼中的傻瓜。三毛陷入了一种矛盾的情绪，她不知道如何改变这种状态，只有一味地忍让，也在这种忍让中渐渐地失去了自信。

时间久了，三毛开始反思，自己这么一再忍让的意义是什么？为什么要毫无条件地帮助他人？为什么要因为自己有修养就要干这么多活？在不断地思考和自我反省中，她的独立意识渐渐苏醒了。

有一天，宿舍的同学一起偷喝甜酒，开心放纵地躺在三毛的床上，借着酒劲儿，大家一起疯笑、欢闹。三毛也喝了酒，融入了欢乐的氛围，可是她很不喜欢别人躺在她的床上，说了几次让她们离开，可她们始终没有理会她。在三毛这样一个好说话的人面前，这些同住的伙伴早已有恃无恐。被无视的三毛心中燃起了愤怒的火焰，她不能让别人随意践踏自己的尊严。为了让自己的要求被正视，三毛不再忍气吞声，起身拉开了窗子。

宿舍里的吵闹声在黑夜里传开了，宿舍的同学大吼三毛，刚要大发脾气的时候，院长已经一脸愤怒地站在了门口。

同宿舍的几个同学十分慌张，三毛倒是很高兴，她在一旁准备看好戏，等着院长给这些肆意妄为的同学一通批评。

令人意外的一幕出现了，院长没有批评那些违规的同学，而是对三毛发出了严重警告。因为院长早前听说三毛卖避孕药，就一直想警告她，只是一直因为她是外国学生，才对她格外宽容。

三毛大惊，直呼冤枉，并反驳不是她卖避孕药，而是其他人，院长又呵斥她不要狡辩。

一直以来，三毛忍气吞声，心中累积了满腹委屈，在被院长冤枉后，她所有的情绪都爆发了出来。手足无措的三毛哭了起来，不知该如何面对眼前的一切。在愤怒的驱使下，她冲出了房间，在门外看到了扫把，于是拿起扫把返回了宿舍，开始对宿舍里的几个同学拍打起来。

那几个同学也没料到三毛会突然有这样大的反应，都吓得乱叫起来，甚至还有同学大喊着要打电话叫警察。三毛手中的扫把被人夺走之后，她又举起了桌子上的大花瓶，连花带水向院长泼了过去。院长向后一闪身，但闪躲不及时，被泼了一身花瓣和水。

院长很生气，大吼着让所有人回去睡觉，并且让三毛在第二天当众道歉。听到这话，三毛又激动了起来，冲出去拿起架子上的书要丢出去。院长回头狠狠地瞪了她一眼，就离开了。

惊叫、争吵之后是无边的沉默，所有人都渐渐冷静下来。宿舍里平日那些对三毛指手画脚的几个同学，那天晚上被三毛吓得不敢出声，都默默地收拾宿舍的残局。三毛去浴室洗了把脸，然后一个人到顶楼的书房哭到天亮，用眼泪冲刷着自己的难过和委屈。

这一次大闹之后，三毛坚持不肯道歉，因为她自认问心无愧。不过，从此之后宿舍成员关系似乎发生了一些改变。三毛不再热心地帮她们做事情，保持冷漠的态度。而周围的同学对她也变得很客气，甚至开始讨好她。

每天早上，三毛不再铺床，回来之后床铺也会被铺得整整齐齐。以前她听唱片都是顺着别人的喜好，现在，她就故意借来一些中国的京戏唱片，自己听到过瘾。电话响了，她也不再去接。同宿舍的伙伴，下雨天帮她撑伞，主动帮她卷头发，给她打早饭……

大概一个月后，院长也找到三毛，邀请三毛去她的房间面谈。在院长美丽的小客厅里，院长准备了点心和酒，开始与她畅谈，一些误会和矛盾也在这次畅谈中悄悄化解了。

让三毛感慨的是，在没有相同教养的环境中，她没有得到尊重，反而因为蛮横建立了威信，获得了个人尊严。

其实，就算在相同的教养环境中，也有可能遇到同样的问题。很多人明明想拒绝他人,但常常碍于面子,担心影响彼此的关系而答应对方诸多的请求。而你越是不敢拒绝,不懂拒绝,越会让对方毫无负担地向你提出各种请求,甚至是无度索取,从此陷入恶性循环。也许我们不必选择激烈的方式打破这种局面,但可以通过认真地对待他人的请求,表达自己真实的态度,告知对方自己的底线和原则,才能获得平等的关系,从而得到真正的友谊。

重获尊重的三毛像破茧的蝴蝶,渐渐变得自信而有魅力。生活在不知不觉中悄然发生改变,大概一年以后,家人从她的信件中得知,她的生活有了新的内容。她说,女生宿舍晚上会有西班牙男生的"情歌队"到窗外唱歌,最后一首一定是特别指明了给三毛唱的,有时候她还去咖啡馆、跳舞、搭车去旅行、听轻歌剧……

三毛已经逐渐走出了失恋的悲伤情绪,中断了与梁光明的通信,开始了丰富灿烂的生活,这让她远在祖国的父母十分欣慰。后来,三毛还跑到了巴黎、慕尼黑、罗马、阿姆斯特丹等地去旅行,见识了更多的异域风光和文化。

失恋不是毒药,而是一片土壤。脆弱的人看到了裂痕,勇敢的人收获了成长。彼时的三毛已不再是那个沉浸在悲伤中的少女,也不再是那个挨欺负的留学生,她蜕变成了一朵热情洒脱的东方玫瑰,在异国他乡美丽地绽放。

３ 挥着法国帽子的少年

一次寻常的相遇,埋下了一生的美丽缘分,这也许便是命运的神来之笔。

来到西班牙不久,三毛认识了一个男孩,她给他取的中文名字叫荷西。她原本觉得他应该叫"和曦",祥和的"和",晨曦的"曦",因为他就是那样一个温柔、平和、充满晨曦般温暖的大男孩。可"曦"字实在太难写了,他怎么也学不会,三毛便改称为"荷西"。

荷西是一个十分英俊的男孩,他和三毛相识的时候,还不到十八岁。

三毛和荷西是在一个特殊的夜晚偶然相遇的。在西班牙有这样一个风俗,在圣诞夜十二点一过的时候,人们就要向左邻右舍送上"平安"的祝福。那天晚上三毛去朋友家过节,为邻居送祝福时,一出门就看到了荷西。

三毛第一眼看到荷西的时候有一种触电般的感觉，甚至在一瞬间，她内心闪现过一个念头，如果有一天可以成为他的妻子，虚荣心也就得到满足了。

由于三毛经常到这位朋友家里玩，而荷西就住在那附近，所以他们有了更多接触和交流的机会。在那栋公寓的后面，有一个大院子，他们经常会在那里打棒球，下雪的时候就会打雪仗，有时候还会去旧货市场闲逛。就算没什么钱，也能别有生趣地逛上一整天，穷学生的快乐从不会打折。两个人交流越来越多，了解越来越深，三毛沉浸在这段欢快的友谊里，而此时的荷西对三毛已经心生爱慕。

有一天，三毛正在宿舍里读书，她的西班牙朋友跑来告诉她："Echo，楼下你的表弟来找你了。"朋友们开始不断起哄。

三毛很疑惑，因为她孤身一人在异国他乡，根本不可能有什么表弟。她跑到阳台上一看，原来是荷西。他站在大树下面，抱着几本书，手里捏着他经常戴的一顶法国帽子，有些紧张和局促。

三毛匆匆地跑下去，问他为什么会来这里。荷西紧张得闭口不答。三毛继续追问："你的课不是还没有上完吗？"他说最后两节不想上了。

三毛又问他来这里做什么。荷西从口袋里掏出十四块西币来，然后说："我有十四块钱，正好够买两个人的入场券，我们一起去看电影好吗？但是要走路去，因为已经没有坐车的钱了。"

三毛敏感地察觉出了荷西与以往的不同，但为了不让他失望，还是答应了他看电影的请求。为了减少车费的支出，三毛选择了附近的电影院。

在那以后的第二天、第三天、第四天……荷西接连地逃课来到大树下等待三毛。荷西每次来的时候宿舍的同学都会起哄。

三毛每次跑下楼都告诉荷西，不能再这样继续逃课了，可是荷西始终不为所动，仍会常常来找三毛。两个人都没有钱，就只能在街上走一走，有时候还会去皇宫看看，或者在垃圾场里拾荒……这样的日子虽然很惬意，但是后来三毛觉得他们俩不能再这样继续下去了，因为她知道荷西已经对她有了另一种情愫。虽然三毛内心很喜欢荷西，可他当时还只是个大学生，他们很难有确定的未来。

还未来得及告别，荷西便向三毛告白了，但三毛拒绝了荷西。他让三毛等他六年，等他念完四年的大学，完成两年的兵役，他们就可以结婚。他的理想就是有一间小小的公寓，有一个三毛这样的太太……

听着荷西的梦想，三毛心中涌入一股暖流。一间爱的小屋，一个温暖的家庭，这不正是当年她在初恋时的美丽向往吗？虽然她的内心在那一刻充满了感动，但是她最终理智地回复他："荷西,你才十八岁,我比你大很多,希望你不要再做这个梦了,从今天起,不要再来找我,如果你又站在那棵树下的话,我也不会再出来了,因为六年的时间实在太长了,我不知道我会去哪里,我也不会等你六年。你要听我的话,不可以来缠我,你来缠的话,我是会怕的。"

三毛的拒绝让荷西愣住了。他像一个做错事的孩子一般问她,自己是不是做错了什么。三毛解释说因为他实在太好,才不愿意同他继续交往下去。

那天,他们一前一后地走着,一齐走到马德里皇宫的一个公园里。公园里有个大草坡,三毛在那里对他说:"我站在这里看你走,这是最后一次看你,你永远不要再回来了。"

荷西站在那里,执意要看着三毛先离开。三毛却说:"不!不!不!我站在这里看你走,而且你要听我的话哟,永远不可以再回来了。"

因为担心荷西还会再回来找她,三毛又告诉他:"你也不要来缠我,从现在开始,我要跟我班上的男同学出去,不能再跟你出去了。"可说完之后,她又有些后悔了。因为她经历过初恋,明白一个人初恋时内心的脆弱,她担心自己的狠话会伤害荷西。

荷西答应她:"好吧!我不会再来缠你,你也不要把我当作一个小孩子。因为我们这几个星期的交往,你始终把我当作一个孩子,你说'你不要再来缠我了',我心里也想过,除非你自己愿意，我永远不会再来缠你。"

说完那些话，荷西慢慢地跑开，一边跑一边回头向三毛告别，喊着："Echo再见！Echo再见！"

在那个公园的大草坡上，挥着法国帽子的少年，渐渐消失了。平时很少下雪的马德里，却在那天飘雪了，缔造了一片美丽的风景，也留下了一段伤感而青涩的故事，让三毛久久难以忘怀。她甚至想要说出："荷西！你回来吧！"但她始终没有张口。有些故事，纵然是遗憾的，但也是美丽的。也许正是因为这一次美丽的遗憾，才给幸福的未来写下了序章。

洒脱的荷西，尊重了三毛的选择。在分别以后，荷西果然没有再来找过三毛。就算在街上碰到三毛，他也会像普通朋友一样，按照西班牙的礼节握住她的双手，亲吻她的脸颊，简单而礼貌地打招呼，然后告别。

在与荷西分开后，三毛又交到了一些其他朋友，其中就有一位日本同学。这位日本同学家境殷实，还在上学时，家里就为他在马德里开了一家豪华的日本餐厅。

日本同学被魅力四射的三毛深深地吸引，很快便开始用巧克力和鲜花对她展开了猛烈的追求攻势。其实，这位日本同学也曾送过三毛更加贵重的礼物，可三毛觉得礼物太贵重，坚持不肯收。

三毛的宿舍里常常摆满了鲜花，同宿舍的伙伴都很高兴，三毛也迷迷糊糊地沉浸在这种浪漫中。后来，这位日本同学更是出手阔绰地买了一辆汽车作为订婚礼物来向三毛求婚。

看到这么贵重的礼物，三毛忽然冷静了下来，她开始认真地审视两个人的关系。过去的日子里她收了不少的巧克力和鲜花，但是也确实没有在心中生出真正的爱情。可这么长时间，她拿了人家的东西，也吃了人家的东西，还是有些心虚。一时间不知道如何开口拒绝，慌张得流下泪来。这位日本同学见三毛流泪，更是慌了手脚，便打消了结婚的念头。

求爱不得的日本同学伤心了好久，他虽然很好，可三毛无论如何也没对他产生爱情，只能默默地在心里一遍又一遍地说着"对不起"。

爱情是美好的，但有时候的确会裹挟着一些令人眼花缭乱的诱惑。面对金钱、浪漫，三毛选择了尊重自己的内心，这是自爱，也是对那位日本同学的尊重。因为浪漫和物质而结合的情感关系是脆弱的，而两个人也注定都会成为其中的输家。

④ 跟随命运，流浪辗转

人生路上，迎接的是一程又一程的风光，也有一重又一重的故事。然而，正是在不可预测的人生路上，人们完成了历练和成长。

为了追寻远方，三毛再次启程，走向了全新的开始。

三毛在马德里与日本同学分开后，遇到了一个德国人，因为这段新的缘分，她的生命旅途又有了新的方向。

当时三毛毕业在即，并决定毕业后去德国。为了筹集旅费，她找了一份导游的工作，攒了一笔经费。三个月后，她如愿以偿地来到了柏林，进入了德国的歌德学院，学习语言。新的求学征途，新的恋爱关系，新的学习环境……必然也会面临许多新考验。

刚到德国的时候，三毛听说宿舍都是男女混住，每人一间，就像旅馆一样，她为此感到非常高兴，因为这样独立居住的环境会让她拥有更多的个人空间和自由。她被安置在长廊尽头的第二间，几天后，来了位新邻居，隔壁的空房间搬来了一个金发的冰岛女孩。她很漂亮，也很高冷，一向都只和男同学讲话，对三毛的态度很不友好。

起初，她经常不在家，晚上也很晚回来，对三毛的生活不会产生影响。过了几个月，这个冰岛美人结交了不少男朋友，常常抱着很多啤酒和食物在房间里狂欢，放音乐、尖叫……

隔壁的欢闹让三毛不堪其扰，但她打算忍耐几个星期，觉得他们闹腾一阵也就没有力气了。但实际情况并不像她所想的那样，欢闹从未停止，反而愈演愈烈。他们播放着震耳欲聋的音乐，放声地欢笑，在公共阳台上裸奔、追逐。

某天深夜，三毛再也无法忍受这样的喧哗，起身敲响了这位芳邻的房门，提示已经十二点半了，请他们小声一点。但这位邻居并无愧疚感，反而蛮横地将三毛推出门外，狠狠地关门上锁。

那一夜，三毛只睡了两三个小时，面对问题，抱怨无用，唯有解决。面对面的解决方法无效，她还为此吃了闭门羹，于是决定采用迂回策略，去学生宿舍管理处找学生顾问投诉。

学生顾问对待这件事的态度让三毛很恼火，他们说来自中国的留学生都温和、安静，很少有人像三毛一样，好像在说三毛做错了什么事情。

就算困难重重，三毛心中气愤不已，也坚决不放弃。经过三番五次的周旋，并录音留下了隔壁邻居扰民的证据。最终，这位芳邻悄悄地搬走了，她赢得了胜利，获得了安静的生活。

可让三毛没有想到的是，有同胞觉得三毛很没有教养，丢失了传统美德，为了一点小事就去找学生顾问告状，让他们丢了脸面，冷言冷语地说了很多难听的话。来自同胞的中伤，着实让三毛伤透了心。她索性埋头学习，不再理会那些风言风语。

三毛学习十分刻苦，每天要学16个小时的德文，她大概用了9个月的时间就取得了德文的教师资格证。虽然在外人看来，她取得了不错的成绩，可对于三毛来说，这段时光是格外贫乏的。她在德国只认识博物馆和美术馆，而关于德国的人和事，她完全不了解，每天紧张的功课让她无暇去了解德国的风土人情。

那时学校在市区最繁华大道的转角处，这条美丽的大道长3.5公里，十分吸引人，这里不但是商业中心，拥有多家西柏林很大的百货公司，还聚集着许多艺术家。

三毛对这里尤为喜欢，所以每次在上学途中她都会提前一站下车，这样就可以在百货公司绕一圈再到学校。也正是这个热闹的街区，调剂了三毛枯燥的学习生活。

有一次，三毛在报纸上看到一则很醒目的广告，招聘美丽的东方女孩替法国珂蒂公司做香水广告，主要工作内容是拍照，并且到现场推销香水。三毛当时很想赚钱，自知不合标准，但仍然鼓起勇气报了名，寄去不少照片。毕竟勇敢一点，尝试一下，就多了一种可能性，说不定会收获一些意外惊喜。

令三毛颇感意外的是，这家公司最后招募了她，而且报酬也不低。她兴冲冲地接受了这份工作。她原本以为，自己不需要做店员的工作，只要站在那里，喷一喷香水，向顾客微笑便好了，这该是一件多么轻松又惬意的工作。

但三毛第一天进入百货公司工作，现实就给她上了生动的一课。强悍的女领导要她在一天内记住百货公司所有货品的名称和柜台，每一层都不能弄错，加上当时是圣诞节前夕，加了大批圣诞货品，更是难上加难。这样的要求让三毛大吃一惊，急得要流泪，她委屈地说自己只是喷香水做展示的。而那位女领导告诉三毛，只要在柜台她就是公司的一分子，顾客问到什么，就要答出什么。而当时的三毛只学了不到三个月的德文。

此外，这份工作的劳动强度也是她之前没有想到的。她每工作4个小时可以休息20分钟，到休息的时候，三毛就躲到卫生间，把双脚放在冷水中浸泡以缓解肿痛。白天要面对高强度的工作，晚上三毛还要熬夜补上在学校落下的课程。

这次打工经历让她深刻地体会到了生活的不易，更加疼惜父母为她的付出。当那一千六百马克的支票拿到手时，三毛连一双丝袜都舍不得买。这不是三毛第一次打工赚钱，却是她人生中一次重要的磨砺和洗礼。

在德国学习期间，三毛的德国男友，他的理想是进入外交部。他平时是个很刻苦自律的人，就连他们约会见面的时候也是要一同读书学习的。有时候三毛已经将一整天的功课学完了，她的德国男友就会拿来一些经济政治类的报纸让她阅读，加强学习。

更加不可思议的是，他在晚上睡觉的时候枕头下也会放一个小录音机，播放白天读过的书籍。按照他的说法，睡眠时肉体沉睡了，但是潜意识中听着书的内容去也会对学习有帮助。

当时三毛学业繁重，经济拮据，心情苦闷。比起学习上的督促，她更渴望的是情感上的慰藉，可德国男友偏偏是个"书呆子"，不懂她的寂寞和苦楚。

后来，她的德国男友实现了外交官理想，进入德国外交部任职，但是三毛不想做他的外交官太太。大概过了一年，三毛独自飞往美国。这位痴情的德国男友，一直等了三毛二十多年。并不是所有的爱情都有结果，相遇、爱过便已是人间值得。擦肩而过的遗憾，也未尝不是一种美好的生命体验。

在异国流浪的三毛，跟随着命运的指引，离开了德国，走向了新的远方。她在美国芝加哥城的伊利诺伊大学，申请到一个主修陶瓷的学习机会，于是提着箱子来到美国，开始新的学习之旅。

三毛有两位堂兄就在美国生活，但是他们并不太赞成三毛到美国学习，因为在他们看来三毛除了懂得几门语言和一些哲学知识,没有什么可以用来谋生的技能,不过三毛并未因此退缩。

曾经在柏林10天的打工经历,让三毛体会到了父母养家的艰辛,生活的不易,也让她更加珍惜金钱。所以她到美国后第一件想做的事,就是找一份工作,为家里减轻负担。

大概一个月后,三毛如愿找到了一份不错的工作,在伊利诺斯大学法律系图书馆,负责英、美、法各国书籍的分类。与书打交道,三毛自是非常欢喜的。此时,她才给堂兄打电话,告诉他自己已经到了美国,并且找到了工作。

在听说三毛就读的大学后,堂兄想起自己的一位朋友正好也在这所大学读书,便给那位朋友拨通了电话,请求他帮忙照应孤身求学的堂妹。

而正是这样一通电话,为三毛在美国埋下了一段缘分。堂兄的朋友在收到托付后,果然十分尽责,每天中午休息的时候都会准时为三毛送去一个纸口袋,里面放着三明治,一只白水煮蛋,还有一枚水果,对她关怀备至。时间久了,这份关怀背后又多了一份寄托。有一次,堂兄的这位朋友鼓起了勇气,委婉地向三毛表白了。他问三毛:"现在我照顾你,哪一年你会开始下厨房煮饭给我和我们的孩子吃吗?"

"煮饭"背后的意义,三毛当然懂得,荷西对她告白的时候,也是要她"煮饭"。除了他温柔的攻势,堂兄也在一边猛烈助攻,经常会给三毛打电话历数这位朋友如何优秀,嘱托三毛不要错过这样一个优秀的男人。

　　三毛当时感动得热泪盈眶,但她知道那并不是因为爱情。终于有一天,她鼓起勇气,拒绝了这位深情又温柔的男士,告诉他再也不用给她送饭,因为她要离开美国回台湾。

　　三毛离开美国的那天,风很凉,堂兄的这位朋友到机场去送她,他们互道珍重。临行前三毛还温柔地伸出手为他整理了大衣领子,然后转身离去。

　　在一段又一段感情中辗转过的三毛,虽然没有遇到心心相印的那个人,但她也从未迷失自己,而是在不同的感情经历中越发清楚自己对爱情的渴望。

第四章

归宿·在对的时间重逢

❶ 六年之后的答案

时光匆匆,沧海桑田,一切都在改变,就算是归途,也会有一番全新的面貌。

飞机在云朵间穿梭,把流浪他乡的姑娘带回了故乡。这一年距她上次离开,已经有好几年的光景。当初的离开是为了逃离爱情的伤痛,如今归来的她已经羽翼丰满,不再是那个脆弱倔强的少女。

在台北,因为语言的技能优势,三毛当上了德文教师,还曾辗转于母校文化学院、政工干校等多个学校。

三毛回来后,父母自然非常高兴。父亲还特地带着三毛去打网球,并专门为她定做了球拍和球衣,后来又为三毛置办了一辆脚踏车。

在网球场上,三毛结识了一位德国教师,他们有时候会在一起切磋球艺。有时候,这位德国教师还会帮三毛解决一些在教学中遇到的问题，渐渐地在交流的过程中便产生了爱意。

这位德国教师已经45岁了，球技高超，温文尔雅，对人关怀备至。三毛的家人也十分认可这位德国教师。但他没有急于对三毛表白，而是渴望一种水到渠成的温柔情感，在点点滴滴的交流中给予三毛温厚的爱。两个人渐渐地走到了一起。

大概在相识一年后的某个星空闪烁的夜晚，他问三毛："我们结婚好吗？"在感情路上三毛一直走得曲曲折折，终于在德国教师这里找到了归属感，她回答："好的。"

温柔的爱，浪漫的婚礼，未来是可期的幸福与美好。

在确定了婚事后，这对恋人便开始忙着筹备婚礼。他们一起去印请柬，认真地选了很久的字体，又挑选了薄木片质地的印刷材料，并和印刷店沟通一定要在半个月内完成。

时间悄无声息地流走，一切都一如往常，噩耗却悄然而至，不给人任何的防备。在挑请柬的那天夜里，这位德国教师因为心脏病发而猝死。

走过了坎坷情路的三毛终于找到了满意的可嫁之人，可他们还未开始实践一起向往的幸福生活，他便以这样的方式离开了这个世界。

死亡的利剑果断地斩断了三毛触手可及的幸福，将她推向了深渊。痛不欲生的三毛在一个朋友家吞入了大量安眠药，想要用结束生命的方式结束自己的痛苦，幸好被朋友及时发现，才被抢救了过来。

台湾，成了三毛的伤心地，她一次比一次受伤更深。为了走出痛苦的阴霾，三毛决定再次远行。仿佛是一种宿命的指引，正如多年前一般，为了治愈情伤，她告别了父母，又一次奔向了马德里——那个曾经治愈过她，给予她新生的城市。

但是这次旅程并不顺畅，由于从香港出发，到伦敦转机，就在去办签证出境时，英国移民局怀疑她有偷渡企图，把她送进了拘留所。这段糟糕的经历，一度让她崩溃抓狂。后来几经周折，她才到了马德里。

再回马德里，一切终于回归平静，她找到了人生最舒服的节奏。这个地方仿佛有着神奇的魔力，在她每次受伤后都会以柔软的方式将她治愈。在这里，她找到一份小学英文教师的工作，薪水不多，每周只需要授课4个小时，业余时间她可以做自己喜欢的事，过自己喜欢的生活。她爱极了这个地方，在她心中，西班牙早已成为她的第二故乡。

她和三个单身的西班牙女孩合租一个公寓。一群正值青春的女孩，把生活过得丰富多彩。一有空闲时间，四人便相约一起看电影、唱歌、喝葡萄酒……当心中注入了阳光，笑容就爬到了脸上，美丽自信的东方公主又复活了。

三毛是个热爱生活的人，一直对生活心存敬畏，十分注重仪式感。为了听歌剧，她特地为自己购置了一袭拖地礼服、一件毛皮大衣，将头发高高盘起，挂了一对长耳环，穿上一双皮鞋，踏得地面叮咚作响，每走一步都是一份自信与从容。充满自信的三毛，总是那般明媚而耀眼。

六年，早已物是人非，爱情是否真的拥有可以与时间抗衡的魔力？

曾经，一个叫荷西的男孩凝视着三毛，饱含深情地说："再等我六年，让我四年念大学，两年服兵役，六年以后我们就可以结婚了，我一生的向往就是有一间小小的公寓，里面有一个像你这样的太太，然后我去赚钱养活你，这是我一生最幸福的梦想。"

一段赤诚的告白，让三毛想起了曾经的过往。一间小小的公寓，操持家务的太太和赚钱养家的丈夫，正是她的初恋梦想。但是，眼前这一幕，并没有让她心动。她不能因为过去的一场青涩的梦，糊涂地接受一颗真挚的心。

爱就要畅快，不爱就要彻底地拒绝，这是三毛在爱情面前的洒脱。一段痴情的故事，在直白的拒绝中戛然而止。她将这段故事收藏在心底，装上了回忆的相框。

六年，辗转而过，承载着一些人的追逐，也承载了一些人的思念。随着一封信的到来，一段沉默许久的爱长出了枝丫。

某日，一位西班牙朋友突然到访。三毛很开心地与对方畅聊，这位朋友问三毛是否还记得西班牙有个叫荷西的人，那个人托他带来一封信。他还说，如果Echo已经把他忘记了，就不要给她看了。

那段美丽的记忆，虽然短促，三毛却没有忘记。

她接过信，看到了信中的照片。照片上的荷西，已经不是当年那个略带青涩的邻家男孩，他长成了高大健壮的男子，但不变的是他对大海的挚爱。"这就是希腊神话里的海神嘛！"三毛脱口而出。

荷西在信上写着："过了这么多年，也许你已经忘记了西班牙文。可是我要告诉你一个秘密，在我十八岁那个下雪的晚上，你告诉我，你不再见我了，你知道不知道那个少年伏枕流了一夜的泪，想要自杀？这么多年来，你还记得我吗？和你约的期限是六年。"

这封信，承载着一个人六年来对爱的执着，但三毛仍是不敢面对这份执着，便托朋友转达了对他这份爱的谢意。

而此时的三毛并不知道，在遥远的军营里，大胡子男孩荷西，正在饱含思念和期待地默数着他最后一个月的兵役。六年的时间没有冲淡他的思念，反而让他越发牵挂三毛。他在等待着他的女主角，却不知道将会面对怎样的结局。

一次，三毛到她的中国朋友家做客，还未进门就被一个漂亮女孩叫住了。这个女孩叫伊丝帖，是荷西的小妹妹。见荷西对三毛一片痴情，她决定出手帮忙，帮助哥哥圆了这段追逐爱情的梦想。伊丝帖缠着三毛，一定要她给哥哥回一封信。三毛拗不过，只用英文简单地写了一行字："荷西，我回来了，我是Echo！"信上留下了三毛的地址，被寄去了军营。

一封信，在她尚未察觉间，催化了一段缘分。荷西在收到三毛的信的那一刻，眼泪盈满了眼眶。他看不懂信上写的内容，于是剪下了许多漫画，将它们一一贴在信纸上，又在一边勾勒出一个漫画剪影，注明是荷西。他匆匆将回信投递，并给三毛打了一个长途电话。他说本月23日会赶到马德里看她，请她务必等待。荷西笃定地重复了许多遍，叫她一定要等待。可是，三毛并不懂他当时的期盼，对此事未上心，竟忘记了他的归期。

到了约定相见的那天，三毛和同伴到郊区小城里一直逛到了天黑，将荷西对她的允诺都抛到了脑后。回到宿舍时，室友告诉她，有人打了十几个电话来找她，像是有很重要的事情。三毛左思右想，始终没猜到是谁，也就没有理会。

不久，电话铃声再次响起，一个朋友邀她立刻去，说有急事。三毛乘出租车来到朋友家，一进门就被要求闭上双眼，在沙发上坐下。她正想着会是一出什么样的恶作剧，却发生了让她难以想象的事。

她闭上眼睛时，听到一串脚步声，有个人向她走来。而那位朋友说她要出去，正在这时，她被一双手臂环抱住了。她一睁开眼，就看到荷西站在她面前。三毛惊喜地尖叫，荷西就揽着她转圈。

　　阔别六年，再见时自然是无限喜悦挂满心头。彼时的荷西已经是满脸胡须的大男孩，他张开了温暖的怀抱，准备为她遮风挡雨。

　　错的时间，遇见对的人，是遗憾。那么，我便在对的时间重新寻你。只要心怀爱的憧憬，所有伤痕都会渐渐被抚平，所有美好也会不期而遇。

❷ 像从未受过伤一样去爱

六年后的荷西不再是那个羞涩的男孩，已经成为一个大男人，但他仍旧坚贞不渝地爱着三毛。

如今的荷西，爱好广泛，热爱潜水，喜欢航海，经常给三毛讲述在海底的一些奇遇，让三毛大开眼界。

不仅如此，荷西还对天文和星座很感兴趣，和三毛一样爱幻想又向往自由。他和三毛在一起时可以谈论的话题越来越多，对生活也有了自己独到的见解。

某天他们一起在公园散步，可当时三毛心事重重，因为她正在给台湾的《实业世界》写稿，第二天就是截稿日期，她却一点思路也没有，为此十分懊恼。

一旁的荷西得知三毛的烦恼后，指着一旁修剪枝叶的园丁告诉她，自己宁愿在大自然里做一名园丁，也不愿意整日坐在办公室里枯燥地生活。三毛被荷西的话深深地触动了，当天回到宿舍后就和编辑取消了约稿。

与荷西相处久了，受他的影响，三毛对待生活的态度也渐渐地发生了变化。这种变化是积极的，她对生活充满了更多的热爱和向往。

某天，荷西把三毛带到自己家中，告诉三毛要给她看一些东西。在荷西家里，三毛看到一整面墙都是她的照片。她又惊喜又疑惑，因为她从来没有给荷西寄过照片。

荷西笑着为三毛解开了疑惑。原来三毛常常会给马德里徐伯伯家寄照片，荷西每次去他们家玩的时候，就会偷偷地把照片拿走，到照相馆去放大一张，再把原来的照片偷偷放回去。这样的用情至深，让三毛既意外又感动。

三毛问荷西："你是不是还想结婚？"荷西忽然愣住了，望着三毛望了许久。

三毛又说："你不是说六年吗？我现在站在你的面前了。"可说完这话，三毛又忍不住哭了，说道："还是不要好了，不要了。"荷西连忙问为什么。

三毛告诉他自己的心已经碎了。而荷西说："碎的心，可以用胶水把它粘起来。"

三毛说："粘过后，还是有缝的。"

荷西拉过三毛的手，放在他的胸口说："这边还有一颗，是黄金做的，把你那颗拿过来，我们交换一下吧！"

一颗破碎的心交换了一颗黄金做的心，一段深情的故事，就这样浪漫地开始了。不过他们并不急于结婚，因为他们还有一些美好的愿望要去实现。

荷西打算在第二年的夏天和几个朋友一起去航海，到希腊的爱琴海去潜水，这一直是他最向往的事情。这个计划也非常吸引三毛，不过，她也有自己的一些打算，计划去撒哈拉沙漠旅行。因为她曾偶然间在美国杂志《国家地理》上看到过关于西属撒哈拉沙漠的报道。

在1975年以前，西属撒哈拉沙漠是西班牙的殖民地，这里终年无雨，黄沙漫天，生活着大约7万人。漫天的黄沙，带着一种迷人的浪漫，深深地吸引了三毛。她感受到一种来自生命深处的呼喊，仿佛一种前世的乡愁，她愿将心毫无保留地交付给这片陌生的土地。

虽然三毛也十分向往航海，但她权衡之后，决定去撒哈拉沙漠走一走。很多人都以为三毛说去沙漠是在开玩笑，毕竟一个女人孤身闯荡沙漠不太现实。但三毛将自己的想法告诉了父亲后，父亲十分支持她，这给了三毛许多安慰。

心中有梦，便去追逐。很多人望而却步，其实不过是作茧自缚，在常规生活中寻找一种安全感而已。有些梦看似遥不可及，不过是因为大多数人都没敢迈出第一步。

三毛最终把自己要去撒哈拉沙漠的决定告诉了荷西。这样一来，荷西就面临着一个两难的选择，他向往的海洋和他深爱的三毛，只能选择其一。荷西坚定地做出了选择，但他并没有告诉三毛。

在新年结束之后，荷西一直在忙着做一些事情，后来就不见了踪影。忽然有一天，三毛收到了荷西从沙漠里邮寄来的一封信。在信中，荷西告诉三毛，他已经在撒哈拉沙漠找到了一份工作。等三毛到来的时候，他会安排好所有的事情，照顾好她。

荷西为她放弃了自己向往已久的航海计划，跑到沙漠去为她的到来准备一切。三毛感动之余，还是劝说荷西不要为她去沙漠受苦。可荷西的态度非常坚决，他清楚地知道自己想要什么，唯有和三毛在一起，和她结婚，才是今生最大的愿望。他已经等待了六年，这一次，他不想再失去她，所以他铁了心，一定要在沙漠中等待三毛的到来。

三毛的心，也不愿意再流浪了，因为她终于遇到了对的人。在告别了单身宿舍的三个小姐妹后，她便提着行李直奔机场，奔向她深爱的人。

在阿雍机场，三毛见到了已分别三个月的荷西，也见到了她梦寐以求的荒漠。彼时正值黄昏，落日的霞光将沙漠染成了血色，有一种凄艳而苍凉的诗意之美。天空高远，大地辽阔，黄沙在风中发出呜咽的嘶鸣，三毛被这样的风景深深地震撼了。

荷西呢，已经和三个月前大不相同。很显然，荷西在这里吃了不少苦，他的牛仔裤很脏，双手粗糙不堪，头发和胡子上落满了黄沙，脸被晒得焦红，嘴唇也干裂得厉害。

在沙漠短短工作了三个月时间，外形上就有了这样大的变化，而他们马上就要在这里开始长期的生活，未来将要面临的考验可想而知，但追梦者三毛毫无惧色。

荷西告诉三毛，他已经在沙漠的怀抱里了。三毛点了点头，有一种难以言说的感动。

"异乡人，走吧！"荷西这样唤她。这个称呼，对于三毛来说名副其实。她常常会跑出一般人的生命轨道，去不同的地方，做与众不同的事。为了自由和梦想，她甘愿成为异乡人。

荷西扛着行李，带着三毛走向他们未来的家。那是大约半个月前荷西在阿雍城外租的房子。沐浴着沙漠的黄昏，两个人一起走向一段未知的幸福。

三毛与荷西大概走了40分钟，才看到炊烟和人家。荷西指给三毛说，他们的家就在前面。

三毛好奇地欣赏着一路的独特风光，路边有很多千疮百孔的帐篷，还有铁皮做的小屋。沙地里还有几只骆驼，以及成群的山羊，风中传来小女孩们做游戏的欢笑声。在这片偏僻而贫瘠的土地上，生命仍旧在欣欣向荣地成长。面对这一切，三毛感觉仿佛走进了幻境，有种难以言说的激动和喜悦。

终于，他们走进了一条长街，来到属于他们两个人的家。三毛注意到这个家的正对面是一片垃圾场,再往前面一点就是一片沙谷。

荷西从三毛背后把她抱了进去,告诉她这是他们的第一个家,从今往后三毛就是他的太太了。一种温柔而舒适的幸福,在三毛的心中一层层地浮上来。

这个房子有两个房间,一大一小,小的房间除了放得下一张大床,只有进门的地方还有手臂宽的一块窄小的空间。厨房的空间只有四张报纸平铺开的大小,还有一个脏脏的黄色的裂了的水槽以及水泥平台。浴室里有一个没有水箱的抽水马桶和洗脸池,还有一个白色浴缸,它看起来更像一个达达派的雕塑。厨房、浴室外的石阶通往外面的公用天台,荷西告诉三毛,他买了一只母羊,和房东家的羊一起混着养,这样以后就有鲜奶喝了,这让三毛非常惊喜。

三毛认真地打量着这个小家,这样的环境,她没有半点意见,而是在大脑里快速地盘算还有哪些地方需要去布置。比如他们的水泥地高低不平;墙面是空心砖,砖块接缝的地方干了的水泥就挂在那里;灯泡很小,而且电线上还有许多苍蝇;当她扭开水龙头的时候,只流出来几滴浓绿色的液体。

这里的房租在当时约合人民币1400元,不含水电。一汽油桶的水大概是人民币18元,需要到市政府去申请送水。他们商量好要去镇里买个冰箱,买些菜,置办一些东西,先解决生计问题。

在去镇里的路上,他们路过了沙地、坟场、加油站,到了镇里,天已经黑了。荷西一边走着,一边给三毛介绍当地的情况,银行、市政府、法院、邮局、酒店、商店、电影院等。荷西绘声绘色地讲着,三毛一边听一边时不时好奇地发问。

简单地参观了小镇之后,他们到一家杂货店买了一个很小的冰箱,还买了一只冷冻的鸡,一个煤气炉子,一条毛毯。荷西还特地对三毛解释,自己先前没购置只是怕自己买的三毛不中意,所以特地等她一起挑选。他这些细腻心思,给了三毛足够的温暖。

在与荷西的交往中,三毛一直保持着经济的独立,所以在付钱的时候三毛提议,他们还没有结婚,她也要付一部分钱。

三毛用一只手将枕套抱在胸前,另一只手去掏钱。离开商店后,荷西非常好奇地问三毛,她哪里来的那么多钱,又为什么放在枕套里。

这钱是三毛的父亲给的,藏在枕套里也是她多年的习惯。在三毛的作品《滚滚红尘》中,就有女主角从枕套里掏出一枚戒指作为小费给送信人的情节。荷西认为三毛选择来撒哈拉沙漠生活是一件表面倔强、内心浪漫的事,但她可能很快就会讨厌这种生活,因为三毛有那么多钱,断然不会愿意长期和他一起在沙漠里过苦日子。

听了荷西这番话,三毛第一次感到愤怒,怎么能只因为她带来了一些钱，便被荷西看作虚荣的女子？她想要证明她是有生活能力的，但她并不急于开口辩驳，因为未来的自己会证明一切。

　　短暂的争执很快就被初到撒哈拉的欣喜冲散了。他们满载着生活物品回了家，开始构建未来的生活。属于他们的甜蜜恋歌，在浪漫的撒哈拉奏响了序曲。

　　三毛走过许多国家，也经历了漫长曲折的感情之路，伤痕累累。但是，在爱情再次到来时，她选择了勇敢面对，相信爱，追逐爱。

❸ 白手起家,勾勒精彩生活

每个人都可以成为生活的创造者。对生活心存敬意的人,总是会心怀诗意和温柔,就算白手起家,也能勾勒出属于自己的精彩。

沙漠的夜并不温柔,和白昼的热情如火不同,反而会非常冷,气温接近零度。在沙漠的第一个晚上,三毛与荷西就经历了一次寒夜的考验。他们在水泥地上铺了一块帐篷上的帆布,三毛蜷缩在睡袋里,荷西裹着薄薄的毯子,就这样在寒冷中熬到了天亮。

新的一天到来,他们首先要做的一件非常重要的事情,就是到镇上申请结婚,买一个床垫,以及锅碗瓢盆等日常生活用品。也许是因为物资匮乏,这里的很多东西都贵得离谱,让三毛难以接受。在荷西的建议下,她把父亲给的钱存进了银行。

中午,他们拜访了房东一家,并向他们借了半桶水,然后煮饭做鸡肉。可等到吃饭时他们才发现，饭是咸的。荷西恍然大悟，阿雍的水是从深井里抽出来的浓咸水，并非淡水。而他之前一直都是在公司吃饭，没有自己做过饭，所以没有意识到这一点。

接下来的日子，三毛的主要工作是收拾布置他们的小家。周围的人都对这两位新邻居很好奇，三毛家的窗外开始有一些沙哈拉威的小孩子探出头来看她。

荷西工作的地方离家很远，来回有100公里，所以只有在周末的时候他才会回家休息。平日里荷西下班赶回来，夜深了再坐车回单位宿舍。三毛白天会去镇上，下午有时候会有些邻居来做客，一起聊天，相互熟悉。他们渐渐适应了沙漠里的生活节奏。

三毛与荷西的结婚登记办理得并不顺利，于是还没办完结婚手续，三毛便开始了她的沙漠旅行。

经外籍军团退休司令的介绍，她有机会跟着卖水的卡车去附近几百里的沙漠奔驰，晚上就搭帐篷睡在当地的游牧民族附近。因为得到了这位退休司令的照顾，她在沙漠上走动也比较安全。有时候她会带一些白糖、药物、烟等物品送给当地贫穷的居民。

三毛在真正地深入大漠后，看到日出日落的壮美，被这自然的力量震撼，暂时遗忘了现实生活的枯燥和艰苦。

结婚的手续很烦琐，三毛在外面旅行了两个月左右，他们的结婚申请才在马德里原户籍地的法院发出公告。此刻，她的心终于安定下来，不再一个人跑出去旅行。

在结婚前，荷西为了多赚钱，一直忙着工作，常常也会代人上夜班，所以他们常常无法见面。家中的许多事情三毛都需要自己动手去做，与邻居也渐渐熟悉了。他们的邻居有一家沙哈拉威人，还有一家西班牙人。那位来自卡纳利群岛（加那利群岛）的西班牙太太，每次去买淡水时都会约三毛一起去。不过，每次买完水后，三毛总是叫她先走，因为三毛总是赶不上她。

生活中其实很少有惊天动地的困境，然而那一件件寻常小事，就像柔软心头的沙砾，更加磨砺人心。

在烈日下，三毛提着水箱的柄，每走几步就要停下来歇一歇喘口气，然后继续再提，再停，就这么一点点地向前挪动，回到家就立刻平躺在席子上，以缓解背部的疼痛。

有时候，家中的煤气用完了，又没有力气去镇上换新的，三毛就会借用邻居家的铁皮炭炉子生火煮饭。她常常在门外扇火，被烟呛得直流眼泪。三毛有种倔强的劲儿，为了多积攒些生活经验，从不气馁。

在结婚前，三毛度过了一段格外孤独的日子。家里面没有电视，没有书报，也没有收音机。这里大多数时候是没有电的，运气好的时候才会供应一会儿。

在荷西加班的时候，三毛就坐在席子上听窗外的风声。黄昏的时候，她就望着阳台上的大洞，看着细沙静静洒落。晚上，她就点燃白蜡烛,看蜡泪会凝聚成什么样子。

家里没有衣柜,他们的衣服都叠放在箱子里,鞋子和一些零碎的东西就装在大纸盒子里。如果想写字,她就找来一块板子,把板子放在膝盖上写。

荷西在的时候,生活就会截然不同,充满生趣。可他上班一走,孤独就像黑夜一般侵袭过来。每次荷西离开家时,她都会冲到天台上去看,有时候一旦看到他的身影,她就会冲出去追上他,一边喘着粗气一边和他一起往前走。

有时候她控制不住自己的情绪,央求他留下来,荷西就会很难过。他耐心地同三毛讲道理,告诉她明天要代别人的早班,六点就要上班,如果留下来,清早就赶不回去了……

孤独的三毛听不进去荷西的解释,像个委屈的小女孩继续央求着,荷西又继续安慰她,自己明天一定会回来,下班就赶回来给她做桌子。三毛一面慢慢地跑回去,一面不时地回头看看荷西,见荷西在星空下向自己挥手,她把这幅美丽的画面深深地印在心底,然后默数着荷西归来的时间。

撒哈拉的沙漠是美丽迷人的,可是为了拥抱这份美丽,三毛必须付出很多努力来适应这里的生活。

第二天,三毛拿着荷西列好的单子到镇里去询问木料的价格。过了好久,店员终于给出了三毛所需物料的价格,十分昂贵,并且缺货。

走到店外，三毛看到这家店铺丢掉了一大堆装货的用铁皮包钉的长木箱，便鼓起勇气向老板要了五个。老板十分大方地答应了，但老板还问了一句莫名奇妙的话，问三毛家里有几口人。三毛高兴地叫了两辆驴车把长木箱拉了回去，都没有顾上理会老板的问话。

后来三毛想起需要添置一些工具，又去买了锯、榔头、软尺、钉子等。回来的时候三毛满心欢喜，几乎是一路吹着口哨回的家。

她格外紧张自己好不容易弄回家里的宝贝，因为这五个长木箱塞不进门，但放在门外又怕被邻居拿走，所以这一整天三毛像看宝贝似的，每隔几分钟就出门看看长木箱还在不在。一直到黄昏时分，荷西的身影终于出现了。三毛高兴地到天台上向他挥手，急切地想要给他看自己找来的长木箱。

荷西看到三毛后便加快脚步跑回了家。他在门口看到了长木箱，十分惊讶地问是从哪里弄来的，三毛开心地讲明了长木箱的由来。当晚他们吃过饭后，便开始把木箱拆成木板。至于做家具的工作，要等到荷西回来过周末的时候才能完成。

周五晚上，荷西在烛光下忙活着画图纸，画出了很多样式供三毛挑选，三毛选择了最简单的样式。第二天他便开始动工做家具。时间在忙忙碌碌中悄悄流走，见荷西全神贯注地做家具，三毛帮不上什么忙，就想尽办法照顾荷西。太阳光很烈的时候，三毛准备了一条湿毛巾，盖在荷西头上给他降温，又在他背上涂油防止晒伤，还给他拿冰水喝，又时不时地驱赶来捣乱的小孩们。

炽烈的太阳烤得人头晕眼花，荷西沉默不言，始终闷着头干活。忙碌到深夜的时候，他们拥有了一张桌子。这样共同过困苦生活的经历让三毛增加了对荷西的了解，认识了他的另一面。

周日的时候荷西照旧在天台上敲敲打打地做家具。后来吃饭的时候荷西忽然想起了什么，神秘地笑起来，他问三毛知不知道这长木箱原本是装什么东西的。

三毛按长木箱的体积猜测，觉得应该是装冰箱的，荷西听后一直笑个不停。

三毛央求着荷西告诉她答案，荷西说，是棺材。三毛这才恍然大悟，怪不得之前五金店的老板问她家中有几口人。

对于这些装棺材用的长木箱，荷西倒觉得无所谓。三毛却因为这五个长木箱独特的来历更加喜欢自己的桌子了。

在共同构建家庭、打磨生活的过程中，三毛收获了美好的感情和珍贵的生命体验，也收获了成长。

4 没有面包的爱情

真正的爱,永远都是纯粹的。当我们心中装满了爱,贫乏的生活也能过得浪漫幸福。

在某个炎热的天气里,三毛坐在法院里,一位工作人员对她说,他们的结婚申请在马德里公告结束了,她和荷西可以结婚了。

盼望许久的一件事,突然实现了,三毛感觉有些难以置信。在确认了信息准确后,她梦游一般走下了台阶,然后望着沙漠发呆。

三毛在回家路上看到荷西的同事,便托他把"可以结婚"的消息告诉荷西,他们第二天就可以结婚了。还没到下班的时候,荷西就兴奋地赶回来了。两个人一起出门去给各自的父母发电报。三毛写的内容很简单:"明天结婚 三毛。"而荷西则写了一句长长的话:"对不起,临时通知你们,我们事先也不知道明天结婚，请原谅。"

当晚，为了庆祝第二天结婚，两个人一起去了沙漠里唯一的一家电影院看了《希腊左巴》，算是告别单身。

第二天，荷西五点半左右就回来了，进门就喊三毛，他手上捧着一个盒子，是送给她的结婚礼物。三毛很兴奋，她猜一定是花，可沙漠里怎么会有花呢？

三毛打开后发现是一副完整的骆驼头骨，惨白的骨头很完整地合在一起，眼睛是两个大黑洞。她兴奋地连连称赞这是一份豪华的礼物。这是荷西在沙漠走了好久才寻到的一副骆驼头骨。这份独特的结婚礼物后来被三毛带回了台湾，又被她郑重地记载到《我的宝贝》一书中。

三毛非常喜欢这份特殊的结婚礼物，她放下头骨，给了荷西轻轻一吻，心中溢满了幸福。接着，他们开始选衣服，准备迎接他们的重要时刻。荷西穿了一件深蓝色的衬衫，修剪了胡子。三毛有许多漂亮的衣服，只是平时很少穿，为了搭配荷西的衣服，就选了一件淡蓝色的麻布长衣，有一种朴实的淡雅美。她配了一双凉鞋，将头发披散下来，戴了一顶阔边的草帽。因为没有花，便去厨房拿了一把香菜装饰在帽子上，这番打扮有一种田园美的韵致。

花车、婚纱、接亲仪式……那些繁复奢华的流程在他们的结婚清单里是不存在的。

因为当时他们还没有买车，只好一路步行去当地法院结婚。撒哈拉的黄沙辽阔无际，将他们衬托得格外渺小。荷西说，三毛也许是第一个走路去结婚的新娘。不过，这份简单朴素里却有着一种独特的浪漫。

他们到了法院才发现，法院里的人都穿了西装打了领带，反而是新郎荷西穿得有些随意。这样正式的仪式让三毛有些紧张，荷西温柔地安抚着三毛。

小小的礼堂里都是熟人，大家满面笑容地望着这对即将举行结婚仪式的新人。

三毛与荷西像木偶一般听从法官的指示坐下来。法官开始陈词，三毛发现法官的手在发抖，碰了碰荷西示意他看。因为这是当地法院里第一次有人公证结婚，这位法官似乎比这对结婚的新人还要紧张。

法官问："三毛，你愿意做荷西的妻子吗？"三毛心中本想着说"是"，不知怎么的却回答说："好！"法官笑了。又问荷西，他大声说："是！"在两个人都回答完毕后，法官却不知道下一步该说什么好。他们几个人静静地沉默了一会儿，最后法官宣布："好了，你们结婚了，恭喜，恭喜！"

结婚仪式结束后，大家都轻松了不少，忙着摘掉了帽子扇风。法院秘书忽然想到一件事，问他们的戒指在哪儿。三毛这才想起来他们没有戴戒指，便转头追问荷西。荷西高兴地拿出了他的戒指，戴上戒指后就忙着向法官追问户口簿。

在沙漠里没有像样的饭店，而且他们也没有宴请客人的预算，结婚仪式结束后，大家便都散去了。此时，这对新婚夫妇却有点迷茫，不知道该去哪里才好。

荷西提议去国家旅馆住上一天，三毛却觉得那实在是太奢侈了，因为在旅馆住一天的钱足够他们买一个星期的菜。她俨然已经变成了一个精打细算的小妇人，于是两个人手牵着手高高兴兴地回了家。

在家门口他们意外地发现了一个大蛋糕，打开之后发现是荷西的许多同事一起合送的。他们切了蛋糕，荷西又给三毛补戴了戒指，他们的结婚仪式算是圆满结束了。

好的爱情，其实并不需要繁杂的仪式。他们没有盛大的婚礼，没有鲜花，没有婚纱，却在贫瘠的沙漠里演绎出了最动人的浪漫。

三毛没有想到，结婚还带来了一些小收获。荷西的公司答应给两万西币作为家居补助费，还给他增加了七千多西币的薪水，也减了税，还有每个月六千五百西币的房租津贴，以及半个月的婚假。因为有好友愿意帮荷西代班，这样他们就有了一个月的假期。

他们请了向导，租了一辆吉普车，开始了蜜月旅行。他们一直往西走，经过"马克贝斯"进入"阿尔及利亚"，又辗转回到西属撒哈拉。这趟旅程,让他们见识了撒哈拉的壮美,也让彼此的爱意更浓了。

为了迎接新阶段的生活,他们回到甜蜜的家,又开始重新布置。他们要求房东糊墙,可房东不肯,便去镇上打听房租,可是镇上的房租又太贵。荷西计算了一番之后便买来了石灰、水泥,又去借了梯子和工具,自己动手刷墙。虽然这里物资欠缺,生活匮乏,但两个有爱的人总是能把生活过得有声有色。

很快荷西就去上班了,七月份他多领了一个月底薪,再加上结婚补助,房租津贴也发了下来。荷西下班回来,拿回了好大一笔钱。这也是他生平第一次赚这么多钱,有些兴奋,便张罗着再去购置一些东西。

三毛想要给荷西添置一些新衣服,因为他的衬衫都磨破了,袜子也露洞了,长裤都磨亮了。可荷西一口拒绝了,坚持要贴补家用,让三毛布置家里。

三毛用空心砖铺在房间的右边,上面铺木板,又买了两个厚的海绵垫,一个竖着靠墙,另一个平放在木板上,上面再盖上彩色的条纹布,再把后面用线缝起来,就变成了一个沙发。

桌子也用白布铺好了,上面放着母亲寄来的细竹帘卷。母亲还给她寄来了绵纸糊的灯罩,以及陶土的茶具;好友给她邮寄了很多书籍;弟弟送了一件和服风格的浴衣给荷西……三毛收到了各种各样的礼物。他们的家也渐渐地精致了起来,有了别样的情调。

荷西上班的时候，三毛就继续布置他们的家。她把书架油了一层深木色，上色后的书架增添了一些厚重的质感。

其实，对于当地的沙哈拉威人来说，即使家中没有这些装饰，也是无所谓的。可对于三毛这样一个热爱生活的人来说，她愿意花心思来精心地打磨生活中的每一件器物。渐渐地，这个荒漠中的家不再枯燥，她又过上了有情调的生活。

白天，荷西去上班，她就会去对面的垃圾场拾荒，展现她化腐朽为神奇的独特能力。

她拾回了一个汽车外胎，清洗一番之后放在席子上，里面再填上一个红布的坐垫，就像鸟巢一样，客人们来的时候都很喜欢坐在上面。

她还捡过一个深绿色的大水瓶，插上一丛野地里的荆棘，便有了一种独特的诗意之美。

她也捡过汽水瓶，用油漆涂上厚厚的印第安风格的图案和色彩。后来她让荷西为她用铁皮和玻璃做了一盏风灯，自己用拾来的快要腐烂的羊皮做了一个坐垫。经过点点滴滴的积累，这个家越来越有情调了。

他们在圣诞节前去看望荷西的父母，回来的时候便把荷西从童年到大学的书都搬来了。这个小家又添了书香，更有韵味了。

爱情和浪漫，在贫瘠的荒漠里有了新的定义。

第五章

逐爱·

在荒漠中写下极致浪漫

① 亲爱的婆婆大人

幸福的爱,离不开和谐的家庭关系。一场婚礼缔结的不仅仅是两个人的婚姻关系,还有两个人背后的家庭关系。三毛与荷西,成了妻子和丈夫,也成了别人家的儿媳和女婿。

在三毛的家庭中,父母向来十分开明,她此前已经向父母告知了婚事并得到了认可。只是结婚手续烦琐,结婚日期定得比较突然,她在结婚前一天才给父母发电报。父母虽然没能见到女婿,但他们还是非常热情而欢喜地接纳了荷西。

荷西的家庭情况比较特殊,当时,他的家庭中已婚的兄妹结婚时事先都没有与父母商量,就连荷西也是在结婚前一天才告知父母的。一直以来,三毛始终都不敢确定,婆婆是否能接纳自己。

其实,三毛当时与荷西在沙漠生活,与公婆相隔千里,她完全可以不去理会他们,与荷西一起过潇洒日子。但是为了代荷西尽责，她还是会每周给荷西的父母写信，告诉他们一些生活起居、饮食等方面的事，沟通感情，也让荷西的父母放心。一直以来的信件沟通，都是荷西的父亲回信，半年过去了，荷西的母亲竟只字未回。三毛很期待婆婆的认可和回应，但是只能耐着性子等待。不过，这并不影响她与荷西在沙漠的生活。

快到圣诞节时，荷西告诉三毛，他们要回去看望母亲。可在见婆婆之前，三毛心中早已是思绪万千。她总觉得自己就像个"罪犯"，偷走了婆婆辛辛苦苦养大的儿子，婆婆一定恨透了自己。她把婆婆当成了"假想敌"。

在马德里机场，三毛说口渴，硬是先去机场喝了三杯汽水，才磨磨蹭蹭地上了计程车，紧张地来到荷西的父母家中。荷西开门进屋，和家人们大喊着"我们回来了"，家人们热情地拥抱了荷西和三毛。

在公婆家，三毛细心地打量着一切。阳台上有漂亮的花木，浴室、厨房、卧室都非常整洁。退休的公公衣着干净高雅，大哥、二哥、小姑都很亲切。可见，荷西有着很棒的家庭氛围，而这一切自然要归功于家中的女主人。

虽然一家人待三毛亲切热情，但她心里清楚，一定不能像在家里或者娘家那样一直赖床不起，一星期不洗衣服，随意与荷西打闹……时刻严格谨慎地约束着自己的行为。

她仔细地回想着《孙子兵法》《三国演义》《水浒传》《红

楼梦》《西游记》……在大脑里四处搜寻婆媳相处的经验，丝毫不敢懈怠。

她始终认为，虽然是客人，但也是人家的儿媳妇，应该勤快些。早上听到婆婆起床的声响，她便马上起来穿衣打扮，然后主动拿起抹布、扫把，像一只勤劳的小蜜蜂，在家中做清洁工作。她反复提醒自己，要谨慎处理与荷西的关系，对荷西要温柔，千万不能在公婆面前骂荷西，开玩笑也不行，也不要与他过于亲密。

那段时间，三毛常常在厨房里面对一大堆油腻的碗盘锅筷、刀叉茶杯，但这样的工作虽然劳累却让她心里放松不少，因为如果不做这些，也许她就要面临和婆婆坐在一起无话可说又无事可做的尴尬。

从早上起来，打扫、铺床、买菜、洗菜……这一天的家庭主妇生活让她感到疲乏，有时候会想睡个午觉稍微休息一下，但是她又担心让婆婆看到自己睡觉，会生出什么想法，便马上去阳台收起干衣服，勤快地帮助小姑子烫裤脚。

在婆婆家中，自由潇洒的三毛收敛起自己散漫的个性，变成了一个谨小慎微的小女人，成为乖巧贤惠的儿媳妇。

圣诞节终于要到了，他们算了一下，大概有三十七个亲人会在圣诞节当天相聚一堂，大家一致选择了三毛这个新人来做圣诞节大菜，并且有人已经点了糖醋肉、炒杂碎、酱爆鸡……眼见着这样的形势，三毛紧张得心怦怦直跳。

圣诞节的前一天，三毛起得很早，提着三个大篮子和一个小拖车要去买菜。她希望荷西陪他一同去，正巧荷西被婆婆叫走了，三毛只得一个人穿梭在人潮汹涌的菜市场，心中有种说不出的委屈，还一边鼓励着自己不要泄气。

圣诞节终于到来了，三毛清早起床后，发现婆婆已经去做头发了，公公去散步了，妹妹去会男友，大哥去滑雪了，二哥不知去往何处了，荷西去找老同学了，家中空空荡荡的。三毛曾有个念头，想去百货公司给自己买一件新衣服，好在众多亲戚中展示一下她的美，可是转念一想她就放弃了。

晚上，亲戚们陆续到来，节日气氛也更加浓厚。三毛摇身一变成了大厨，将一道又一道美味端上桌。公公称赞了三毛的厨艺，大家吃得很开心，三毛却忙得直打转。一直到开香槟时，她才从厨房里走出来，擦了擦满是油污的手，与大家举杯庆祝，之后又躲到了一角。不一会儿，三毛连忙又收起一大堆碗盘跑到厨房，可是她早已经累得筋疲力尽，脑海里无数次地怀念着美丽的沙漠，盼望着赶快回去。

一直到宴会散去，她才擦擦手走出了厨房，和几个成了家的姐姐告别。

圣诞节后不久，婆婆到街上给三毛买了一份独特的礼物，是一本厚厚的《西班牙春夏秋冬各季时菜大全》。三毛收到礼物后马上打开了，并真诚地称赞和感谢，认真地聆听着婆婆大人的嘱咐。

夜晚，三毛偷偷地数了数自己皮夹里的钱。第二天早晨，她温柔亲切地邀请婆婆一家人去吃海鲜，犒劳婆婆的辛苦。为了让自己的表达更加情真意切，她努力地把婆婆想象成自己阔别已久的妈妈。

婆婆显然对三毛的讨好很受用，一家人相聚餐厅，美美地在马德里著名景区的海鲜饭店里饱餐了一顿。这一餐，价格不菲，三毛眼见着大家吃得尽兴，心底却生出一些有趣的念头。大家正在吃掉她的新衣服，扣子、拉链、袖子……可转念一想，婆婆怀胎九月，辛辛苦苦培养一个好男人，已经成为她的丈夫，并将陪伴她一生。无论怎么算，她都是大赚特赚的。

日盼夜盼，终于到了即将回沙漠的时候了。那天，公公风雨无阻地去散步了，婆婆始终一脸冰冷。小姑下楼去叫车，等小姑上来告知车来了，三毛甚至有一种马上跑出去的冲动。可那时婆婆忽然冲了过来，三毛更紧张了。一瞬间，婆婆将三毛拥入怀中，哽咽着告诉三毛沙漠里太苦了，要快快回来。三毛之前可能对她有些误会，从现在看来她是爱三毛的。

看着眼前的婆婆，三毛的心也柔软起来，不再把婆婆当作假想敌，而是亲爱的婆婆大人。

面对自己的婆婆，三毛适时地转换了角色，用勤劳和体贴赢得了婆婆的认可，展示了一个女人为人儿媳的智慧。

❷ 细水流年的诗意

热爱生活的人，纵使在物资贫乏的环境中，也能把日子过得妙趣横生。

三毛很不喜欢做家务，但是对于煮菜却兴趣十分浓厚。简单的食材经过烹炒就会变成一道美味菜肴，这其中似乎隐藏着一种艺术生命力。

两个人在一起生活后，三毛最初还会下厨做西餐，后来三毛的母亲从台湾寄来了粉丝、紫菜、冬菇、猪肉干等珍贵的食物，再加上好友从欧洲寄来了一些罐头和酱油，三毛的"中国饭店"就开张了。

其实这些食材并不算多，不过对于没有吃过几道中国菜的荷西来说，这些足够了，三毛也因此对自己的厨艺充满了信心。

三毛煮的第一道菜是"粉丝煮鸡汤"，荷西在此之前没有吃过粉丝，他喝了一口问三毛那是什么。三毛用筷子挑起了一根粉丝，告诉荷西这个东西叫作"春雨"，并且一本正经地解释说这是春天的第一场雨，来历曲折，很不容易买到。荷西知道三毛在吹牛，但他非常爱吃这道独特的"春雨"。

三毛第二次做的粉丝是"蚂蚁上树"，她将粉丝放在平底锅上炸一炸，再撒上一些搅碎的肉和汁。吃饭时，荷西咬了一大口粉丝，又问三毛这像白色毛线又像塑胶的东西到底是什么。三毛说这是钓鱼的尼龙绳，在中国加工后就变得白白软软的，可以吃了。

荷西第三次吃粉丝是夹在"合子饼"内，与菠菜和肉绞得很碎当饼馅。荷西说这小饼里是不是放了昂贵的鱼翅，三毛听后笑得前俯后仰。荷西还嘱托叫妈妈以后不要再寄这么昂贵的食材了。

因为彼此文化的差异，他们在寻常的生活里也多了不少乐趣。

三毛将母亲寄来的猪肉干用剪刀剪成了小方块放在瓶子里，又将瓶子藏在毛毯里。有一天，荷西睡觉的时候需要盖毛毯。三毛早已经忘了猪肉干的事情，仍在自顾自地看着她挚爱的《水浒传》。荷西一掀毛毯，发现了那瓶猪肉干，他左看右看，最后拿了一块放在嘴里。荷西问她这是什么，三毛说那是中药，是给咳嗽的人吃的。第二天醒来，三毛发现荷西偷偷拿走了大半瓶送给同事吃。从那以后，同事们到访看到三毛后都会假装咳嗽，想要骗些猪肉干吃。

有一次,三毛用紫菜包饭,中间放了一些肉松,做了一些"寿司",但这一次荷西拒绝尝试。无论三毛怎么劝说,他都无法接受吃"复写纸"。三毛高兴地吃了一大卷,荷西让三毛张嘴,担心地要检查检查。三毛告诉荷西,不会出现蓝色,因为她是用反面复写纸卷的,所以不会染到嘴里。

荷西知道三毛在吹牛,但虚虚实实的也分不清楚,最后他尝试用筷子夹了一个吃,大呼是海苔。

渐渐地,中餐的食材吃得差不多了,就开始做西餐。有一天三毛正在煎牛排,荷西非常高兴,但是连着吃了三天牛排之后荷西就没有胃口了。三毛温柔地问荷西,是不是生病了,荷西却说是因为吃得不好,虽然牛肉价格不菲,但是他更想念妈妈寄来的菜,想要吃太太做的"春雨"。最后三毛无奈地妥协了,决定"中国饭店"每周开张两次。

"中国饭店"的美食不仅俘虏了荷西的胃,还声名远播,吸引了荷西的老板。

某天下班的时候,荷西告诉三毛,他们的老板想来吃饭,而且特地点了一道笋片炒冬菇。可是他们家里并没有笋,荷西误把家里的筷子当成了笋。

不过三毛依然应允,告诉他可以请老板来家里吃饭,笋会长出来的。第二天晚上,魔法厨师上线,三毛准备了三道菜,用文火热着,还精心布置了蜡烛。三毛还特地打扮了一番,给荷西赚足了面子。

这一餐宾主尽欢,大家吃得尽兴,聊得开心。老板夫妇二人还告诉三毛他们公司将来有适合她的职位空缺,非常欢迎她也来参加工作。三毛猜到这都是"笋片炒冬菇"的功劳。

送走老板夫妇的时候天已经黑了,三毛换上了牛仔裤,又恢复了平时的样子。荷西称赞笋片炒冬菇很好吃,问三毛:"笋究竟是哪里来的?"

三毛说,并没有笋片炒冬菇,她做的是小黄瓜炒冬菇。而荷西的老板却说那是他一生吃过的最好吃的一次"嫩笋片炒冬菇"。

荷西先是有些吃惊,又抱着三毛欢呼,大喊着"万岁,万岁,你是那只猴子,那只七十二变的,叫什么,什么……"三毛拍了一下他的头,告诉他那是"齐天大圣孙悟空"。

三毛就如同一个魔术师,将沙漠里的生活过得格外精彩。一饭一蔬,在她手里都变得别有风味和乐趣。这些烹饪中国菜的生活片段也被三毛写成了一篇文章《中国饭店》,发表在《联合报》副刊上,后来收到了合集《撒哈拉的故事》里。

《撒哈拉的故事》记录了许多三毛在沙漠中生活的故事和奇闻,其中的一篇《沙漠观浴记》就记录了一段当地的奇特风俗。

在沙漠中的某个黄昏,荷西心血来潮地要剪个平头。三毛听后便兴致勃勃地去厨房拿了一把剪鱼的大剪刀,要给荷西理发。荷西吓得连忙逃跑,要去镇上的理发馆剪发。

针对荷西的发型问题,三毛、荷西、理发师三个人争论了半天。最后为了理发顺利进行,荷西把三毛打发走,让她自己去逛街,因此,三毛才有了一次奇妙而独特的经历。

三毛沿着理发店后面的一条小路向镇外走去,见街道上四处都是垃圾,苍蝇在垃圾堆上成群结队地狂欢,还有不少干瘦的山羊在找食物吃,这一带是三毛此前没有到过的地方,虽然环境糟糕但很新鲜,让她格外有逛一逛的兴致。

她一路向前走着,在经过一间没有窗户的破房子的时候,她好奇地停住了脚步,因为这间房子的门上挂着的一块牌子写着"泉",在沙漠里怎么会有"泉"?当时的太阳还很炽烈,好奇心促使三毛向里面望去,可她什么都看不清楚,只听到里面有人吃惊地怪叫。三毛一头雾水,十分不解,她什么都没做,为什么会有人怕她?

三毛刚要转身离去,这时从里面走出了一个中年男人,冲上来像要抓住三毛打一顿的样子,用责备的语气问她为什么要偷看男人洗澡,并让她赶紧离开。听到这里可以洗澡,三毛更是惊讶不已,因为这是她第一次知道沙哈拉威人也洗澡。经过一番打听,三毛知道了洗澡的价钱,还有女人洗澡的时间是早上八点到中午十二点。

第二天一早，三毛就兴奋地抱着毛巾向这间写着"泉"的房子走去。进了屋子后她被老板娘拉进了一个房间，由老板娘指导洗浴流程。那个房间不大，里面拉着几条铁丝，上面挂了一些沙哈拉威女人的衣物，整个房间里弥漫着一种刺鼻的怪味。老板娘带着近乎命令的语气让三毛脱掉衣服，等三毛还剩下一套比基尼在身上的时候，老板娘又继续催促她脱光衣服，三毛坚决不肯脱。

接下来，按照老板娘的指示，三毛出去拿了两个空水桶，然后跟着老板娘往里走，过了一会儿，"泉"终于出现在她眼前。这是三毛第一次在沙漠里看到有水从地底涌出来。那是一口深井，许多女人在井旁打水，欢笑着聊天。但当穿着比基尼的三毛走进去的时候大家都呆住了，彼此望来望去，不过脸上依旧挂着友好的微笑。

其中一个女人走上前来，帮三毛打了一桶水，然后帮她从头上倒下来，紧接着还要继续帮三毛淋水。三毛忙躲到墙角谢绝她的好意，自己的样子看上去有些狼狈。另外一个女人问她冷不冷，三毛连忙点头。

那个女人拉开了一扇门，又出现了一个房间。三毛就这样被送进了一个热乎乎的房间，里面雾气蒙蒙，遮住了视线，她定睛仔细观察，雾气是从对面墙下升腾出来的，那里的大水槽有热水在翻滚着冒泡。这个房间的地上成排地坐着一些沙哈拉威女人，她们身边都放着一两个装着冷井水的水桶。但是室内温度特别高，三毛被烫得两个脚来回挪动，而那些女人却能淡定地坐在地上。

其中一个女人热情地给三毛腾挪出了一块地方，邀请她坐下来，可三毛拒绝了。就算忍受得了房间内炙热的高温，她也难以忍受那如同泥浆的湿地板，尤其是那些泥浆来自这些女人的身体。房间里的女人都会用一片石头沾着水刮自己身上的泥，一冲水，就会让黑色的污垢从她们身上流下来。她们很省水，只有当身上的脏污被刮松了的时候才会用水冲。这个房间里一直热气升腾，但是没有窗户，再加上里面人很多，就会格外地闷，到处弥漫着一种混合的体臭味。

一个女人和三毛聊天，她说自己已经四年没有洗澡了，是从很远的沙漠来到这里的。说完她将水从头上冲了下来，黑色的泥浆从她的身上滑落，水流漫过了三毛的脚丫。那个女人虽然洗过了澡，但是看上去还是很脏。她还好心地要将自己的石头借给三毛用，三毛谢绝了。她下意识地往一侧挪动，一不小心靠到了墙边。她才发现墙壁上也积存着许多厚厚的像鼻涕一样黏稠的东西，于是拼命地用毛巾擦拭自己的后背。

一个女人刚刚刮得全身都是黑色的泥浆，还没有来得及冲洗，就听见外面屋子里孩子的哭声。这个女人连忙把自己几个月大的婴儿抱了进来喂奶，孩子就喝着裹着污水的乳汁。这样的场面刺激着三毛，她虽然长了见识，但是再也忍不住了，一直跑到最外面的一间房子，呼吸了几口新鲜的空气才缓过来，马上拿回自己的衣服，准备回家，再也不想来这个地方。

老板娘见三毛出来了，就与她聊起天，她非常不理解三毛不洗澡怎么还要花钱进来。三毛觉得这次浴室洗澡的经历让她大开眼界，这些钱花得相当值得。

老板娘告诉三毛，这里是洗身体外的污垢的地方，但是身体里面也要洗。在三毛好奇的追问下，老板娘告诉她这里的女人会在勃哈多海湾搭很多帐篷，春天要去那边住一段时间，清洗七天。当天三毛在做饭的时候就把这件事告诉了荷西，她特别好奇，想去看看。

从三毛所住的小镇到太平洋海岸来回大概四百公里，当天就可以往返。他们开着车，一路寻去，终于找到了勃哈多海湾。蓝色海水平静地流入海湾，海湾内的沙滩上有许多白色的帐篷，许多男人、女人、小孩在沙滩上走来走去。气氛格外的宁静祥和，就如同一片世外桃源。

三毛与荷西将车停在一个断崖旁，开始了探险之旅。他们在汽车里找出一条大麻绳，绑在车子上。在绳子的辅助下两个人顺利地来到海滩旁边的一块大石头旁。在那里，他们看到了一幕触目惊心的景象。不远处有三五个全裸的沙哈拉威女人在提着海水，然后将海水导入一个很大的罐子里，在这个罐子下面有一个可以通水的皮管。一个女人半躺在沙滩上，另一个女人将皮管塞入她的体内，就像灌肠一样。水经由管子流到她的大肠里，三毛完全看呆了。一大罐水流光了之后，旁边的女人又倒了一罐海水。那个女人经过这样三次的灌洗，忍不住发出了痛苦的呻吟声，再接着灌下去的时候，她开始尖叫起来。

肠子灌洗完后，这个女人又开始往口内灌水。按"泉"老板娘的说法，她们要这样灌洗七天。过了不久，这个灌洗的女人开始在沙地上泻肚子。泄了一堆后马上就后退几步，用沙子把排泄的粪便盖起来，就这样一直泄了十几堆，后来竟蹲在那里唱起了歌。看着她那副滑稽的样子，三毛忍不住笑了起来，结果不小心被人发现了。很快，帐篷里也出来许多人，气势汹汹地向他们跑来。荷西和三毛见状不妙迅速地逃开，三毛还不小心弄丢了美丽的凉鞋，虽然她十分不舍，但也不敢去捡回来。这一番探险给三毛留下了深刻的印象。

沙漠是贫瘠的，却也是独特的。独特的沙海美景，独特的异域文化，丰富了三毛的人生。

③ 有趣的人，有趣的人生

刚到沙漠生活的时候，三毛有过一段寂寞的日子。但是随着在沙漠里生活的时间越来越长，她认识了不少朋友，生活渐渐地热闹起来。

三毛与荷西是非常热情慷慨的人，经常给邻居帮忙，不过也会遇到一些让他们感觉很无奈的人和事。当初三毛因为一些邻居肮脏邋遢的形象，很自然地产生了一种错觉，认为他们都是贫困的人。可事实上，他们有的有政府的补助金，有的有正当的职业，还有的有房子出租，也会养一些羊，有些人甚至就在镇上开店。所以他们其实收入稳定，而且很可观。三毛定居在金河大道的长街上时，听说同住的邻居都是沙漠里的财主，还曾幻想过和有钱人做邻居的诸多好处，可相处下来却和她想象的完全不同。

有一次，三毛与荷西被邀请去邻居罕地家里喝茶，当天他们的鞋子都粘上了羊粪，罕地小儿子的口水还滴湿了三毛的裙子。

第二天，三毛就开始教罕地的女儿们用水拖地、晒席子，拖地用的水桶、肥皂、拖布、水都是三毛提供的。正是因为三毛的热心和慷慨，所以邻里关系非常好，但这也使得她常常到了黄昏还没能收回自己的水桶和拖布。

一般情况下，三毛还是秉承着君子之交淡如水的原则，与邻居们保持一定的距离。可过日子总是要开门过的，每天三毛一开门，就会有一些妇女和孩子涌进来。他们家有什么生活用具，邻居们都了如指掌。

三毛与荷西向来很慷慨，邻居们就充分地利用了他们的这一点，不断来借东西。每天早晨起来，就会有小孩来借东西，如灯泡、洋葱、汽油、熨斗、棉花、电线、钉子……

三毛如果不借给他们又过意不去，但是借给他们之后，他们是肯定不会还的。荷西也曾抱怨过这些人过分地索取，为什么不去镇上买。可是每次有小孩来借东西，三毛还是会借给他们。

因为不懂拒绝，不好意思拒绝，三毛与荷西的生活不堪其扰。后来，事情愈演愈烈。邻居的小孩得寸进尺，竟然向他们伸手要钱。三毛虽然不会给他们钱，但是整天被他们围着要钱也十分烦恼。后来，她终于忍无可忍，就对邻居的小孩说："你的爸爸租给我房子，每个月要我付一万西币的房租，如果每天再给你五西币，那还不如搬家。"

从那以后，邻居的小孩再也没有找三毛要过钱，而是改要泡泡糖，因为他也不希望这位慷慨的邻居搬走。

有一次，一个叫拉布的女孩来敲门。三毛打开门看到一只骆驼尸体，还在淌血。拉布说她妈妈要将骆驼放在三毛的冰箱里。三毛回头看看自己如同鞋盒一般大小的冰箱，非常无奈地和拉布说，让她转告妈妈，如果把她们家的大房子送给自己做针线盒，这只骆驼就能放进自己的冰箱里。拉布马上回问三毛，你的针在哪里？

这么大的骆驼当然无法放入冰箱，可拉布的母亲对着三毛黑了一个月的脸。她只和三毛说了一句话，意思是三毛拒绝了她，伤害了她的骄傲。

还有一次，几个女人来向三毛要"红色的药水"。三毛告诉她们，如果有人弄破了皮肤，可以到她这里来涂，可是那几个女人执意要将"红色的药水"拿走。过了几个小时后，三毛听到了公用的天台上有鼓声。三毛闻声前去，到了天台上才发现，那几个女人把她的红药水涂了满脸和满手，兴高采烈地扭动着身体在跳舞。她万万没想到，红药水还有这样的功效，看见她们高兴的样子，三毛的气也消了。

关于借东西，还有一件让三毛特别苦恼的事情。他们的邻居中有一个在医院做助手的沙哈拉威人，因为受到了文明的洗礼，所以不肯像家人一样用手吃饭。每次吃饭的时候都会让他的儿子来三毛家中借刀叉，用完倒是会归还。可每天如此，令三毛不堪其扰，索性就买了一套刀叉送给他们，并告诉他以后不要再来借了。

本以为这个麻烦已经解决了，可没过两天，那个小孩照旧出现在三毛家门口。三毛板着脸问他，为什么还来，明明已经送给他们一套餐具了。谁知那个孩子回答，因为那套刀叉是新的，所以被妈妈收了起来。三毛生气地大吼，他的爸爸吃饭关她什么事。小孩像一只受惊的小鸟缩成了一团，看见他弱小惊恐的样子，三毛马上心软了，就把餐具又借给了他。

沙哈拉威的青年女子皮肤往往都是浅色的，长得很漂亮。她们平时在族人面前会用面纱蒙住脸，但是到了三毛家就会摘掉面纱。一个叫密娜的姑娘经常到三毛家做客，她喜欢三毛，也喜欢荷西。开始她总是打扮得很漂亮来三毛家中做客，后来便会找一些理由叫荷西去她家做客。

有一天，她又来找荷西。当时三毛与荷西正在吃饭，问她有什么事情。密娜说她们家门坏了，叫荷西去帮忙修理。荷西听完就要放下叉子去帮忙，却被三毛叫住了，不许他去，密娜就一直站在窗前。三毛告诉荷西，当她是海市蜃楼。

在当地，男人可以娶四个老婆，但三毛绝对不允许让这种事情发生在自己的生活里。不过，这位美丽的"海市蜃楼"终于要结婚了。三毛当然高兴极了，还送了她一大块衣料。

在这些形形色色的邻居中，三毛最喜欢的是一个叫姑卡的女孩。她是三毛的房东罕地家的女儿，住在三毛家附近的一幢大房子里。这个女孩温柔聪明，很讨人喜欢。三毛初次见到姑卡的时候，见她梳着粗粗的辫子，穿着大花连衣裙。三毛经常能听到她在屋外活泼而清脆的赶羊声。后来，三毛还教她读书。有一次，三毛问她几岁了，姑卡竟然没有回答出来，叫三毛去问罕地。三毛这才知道，沙哈拉威的女人都是不知道自己的年龄的，从罕地那里她得知当时姑卡十岁了。

　　三毛虽然很喜欢她，不过她的一些观念却让三毛大跌眼镜。有一次，荷西让三毛陪他去参加一个国家旅馆举行的酒会。三毛满心期待地拿出了平日里没什么机会穿的黑色礼服，又拿出了几条稍微有些贵重的项链。她在穿好衣服戴好项链准备穿鞋子的时候，发现平日放在架子上的高跟鞋不见了。

　　荷西催促三毛随意选一双，因为时间快来不及了。但是三毛搜罗了整个鞋架，已经没有其他适合搭配礼服的鞋子了。让她感到意外的是，她的鞋架上有一双脏脏的沙漠鞋，她一眼便认出来，那是姑卡的鞋子。为什么姑卡的鞋子会在她这里？三毛恍然大悟，她连忙跑到了姑卡家中，生气地询问高跟鞋的下落。

　　姑卡慢腾腾地在厨房、羊堆、门后找了一遍，都没有找到，最后告诉三毛，高跟鞋被妹妹穿走了。

　　三毛生气地走了，换掉了原先精心准备好的礼服，穿了一件白色棉布的衣服和一双凉鞋。显然这样的打扮和酒会上那些光鲜亮丽的太太们大相径庭。荷西的一位同事调侃三毛像一个牧羊女。三毛原本可以穿得美美的参加酒会，却被一双高跟鞋搞得一团糟。

第二天，姑卡将三毛的高跟鞋还给了她，可是那双高跟鞋已经被穿得十分狼狈。三毛生气地接过自己的鞋子，姑卡涨红了脸，竟也生气了。姑卡认为三毛的高跟鞋在她家，而她的鞋子也在三毛家，觉得三毛没必要那么生气。

三毛被这样荒谬的解释气笑了，她生气地问，除了"牙刷"和"丈夫"，还有什么是她们没借过的？

姑卡听后，忽然问三毛她的牙刷长什么样子。三毛无奈极了，连忙叫她快出去。姑卡一边说着一边往外走，她说只是想看看三毛的牙刷。

后来，三毛听到姑卡对街上的另外一个女人喊着说，三毛伤害了她的骄傲。

有了这些邻居的陪伴，三毛在沙漠里的日子过得有滋有味，生动得不得了。生活不是孤立的存在，我们善待周围的人，其实也是在善待自己。

④ 喜悦里的挣扎与哀愁

随着一场婚礼的到来,三毛对沙漠生活有了更深入的了解,拨开了隐藏在平静中的一种残酷与挣扎。

虽然姑卡有一些让三毛难以理解的观念,不过她们的关系仍旧很亲密。有一天,三毛在姑卡家和她的父母喝茶的时候忽然听到了一个让她惊讶的消息——姑卡很快就要结婚了。

三毛不解的是,姑卡只是个十岁的孩子,怎么可以结婚呢?可她的父亲罕地却不以为然地告诉三毛,他的太太嫁给他的时候才八岁。听到这话,三毛沉默了,猜测这应该是沙哈拉威人的风俗。虽然三毛很难接受这样的事情,但是对于当地的风俗也不好做出什么主观评价。而姑卡的父母却拜托三毛,让她告诉姑卡即将要结婚的消息。三毛觉得有些为难,但还是勉强答应了。

第二天,三毛给姑卡上完算数课后,让她留下来和自己一起生火煮茶。喝茶时,三毛很平静地告诉姑卡,"你要结婚了"。听到这个消息后,姑卡很吃惊,突然涨红了脸,然后问是什么时候。三毛告诉她,再过十几天就结婚。三毛反问她,知不知道自己即将嫁给谁。姑卡没有说话,摇了摇头,然后放下茶杯沉默着离开了。那是三毛第一次见到她的忧伤,没有任何言语,却有股巨大的难以言说的力量。

过了几天,三毛去镇上买东西,遇到姑卡的哥哥和另外一个叫阿布弟的青年。通过姑卡哥哥的介绍,三毛才知道阿布弟是罕地的部下,就是姑卡未来的丈夫。三毛特地仔细端详了一下,他看上去高大英俊,说话也温和有礼貌。三毛回去时就把这个消息告诉了姑卡,叫她放心,她的丈夫很温和,不是个粗鲁的人。姑卡听完低下了头,但眼神和第一次知道要结婚时已经不一样了。三毛敏感地察觉到,姑卡已经接受了她即将结婚的事实。

在沙哈拉威的风俗中,女儿结婚可以使女方父母有一笔不菲的收入。以前这里的聘礼一般是羊群、骆驼、布匹、面粉、糖、茶叶等,后来这些东西都被换算成了钱。罕地家收到聘礼的那天,荷西被邀请去喝茶。荷西回来后告诉三毛,阿布弟给了罕地二十万西币作为娶姑卡的聘礼。

又过了一些日子,三毛再次见到姑卡时,姑卡的装扮已经变了。罕地为她买了一些黑色、蓝色的布料。姑卡用深蓝色的布把自己包裹成了一片蓝色,使她整个人全然换了一种气质。她的脚踝套上了银镯子，头发也盘了起来，周身涂满了刺鼻的香料，这样的装扮让她有了一种与年龄不相符的成熟感。三毛把姑卡一直想要的一件假玉镯作为结婚礼物送给了她。

后来，姑卡就很少出门了。有一次，三毛去看望她，发现她的房间和以往没有什么区别，仍旧是那个又脏又破的席子，只是多了几件衣服。三毛问她，怎么没有添置其他的新东西，结婚的时候要带什么嫁妆走？

姑卡告诉她，她暂时不会走，她的丈夫也会来这里住，按照习俗他们可以住到满六年再离开。这下三毛理解了为什么当初她的父亲罕地会要那么多的聘礼了。

姑卡在结婚前一天需要离开家，到了结婚的时候才由新郎把她接回来。在姑卡离开前的那天，她的大姨赶来为她打扮，给她编了很多细细的小辫，每一根小辫子上都会编入彩色的珠子，头顶放一个假发做小堆，插满了发亮的假珠宝。相对于隆重的头发造型，她的脸上却没有化妆。

梳好头发之后，大姨便给姑卡拿来了新衣服。她先是穿上了一件有许多褶皱的白裙子，随后又用黑布把上身裹了起来。这样的结婚装扮，三毛实在是看不出什么喜气。

一切准备好后，姑卡就静静地坐着，有一种沉静的美丽。过了一会儿，她就被大姨和表姐带出门了。她需要按习俗去大姨家留宿一夜，第二天再回来。

姑卡举行婚礼的那天，三毛终于发现罕地家中与以往有了些不同。他们家里的山羊被赶出去了，脏脏的草席也看不见了，大门口还有一匹杀好的骆驼。大厅铺上了红色的阿拉伯地毯，在屋子的一角还放了一面特别有历史感的羊皮大鼓。

那一天的黄昏，沙漠风光仍旧辽阔而壮美。在这个特殊的日子，沉闷的鼓声响起来，渐渐地飘向远方，有一种神秘的苍凉感。三毛向罕地家走去，幻想着一场充满异域风情的美丽婚礼。可到了罕地家的那一刻，三毛所有艺术而浪漫的幻想都被击得粉碎。大厅里坐着许多沙哈拉威男人，他们都在吸烟，新郎阿布弟也在其中，很难看出有什么新郎的样子。在屋角有一个黑黑的女人披着一块黑布在打鼓，击打几十下就会站起来摇晃身体，嘴里发出神秘的声音。

不一会儿，又有三个老年女人进去，跟随着鼓声唱着一些歌曲，曲调并不欢快，甚至如同哭泣，屋内的男人们全都跟随着曲调打节拍。三毛在门外观看着这一切。那些在屋外和三毛一起观看婚礼仪式的女人都把自己的脸蒙起来，只露着一双眼睛。屋内的人，就这样一直拍着手唱到天黑。三毛后来便回家了，期待着观看第二天正式的婚礼。

第二天凌晨三点左右，三毛所住的那条街上停满了吉普车，由此也能看出罕地在当地族人中有很高的地位和声望。三毛与荷西一起坐上了迎亲的车，前往姑卡的大姨家接亲。以前当地的习俗是骑骆驼、放空枪，然后去帐篷中迎亲。随着时代的发展，婚俗也与时俱进，变成了开吉普车、鸣喇叭。

当地的迎亲风俗，也让三毛大跌眼镜，看着很难受。她见阿布弟下车后没有与任何人打招呼，就和一群年轻的朋友冲进了姑卡住的那个房间，直接抓着姑卡的手臂把她往外拉。姑卡用力挣扎，可周围的人都在欢笑。新郎和新娘的不同反应，形成了巨大的反差。一个本应该迎接幸福的新娘，此刻却是那么弱小和无助。不一会儿，阿布弟的朋友们也上去帮忙一起拽新娘姑卡，姑卡便开始哭喊起来。看见这粗暴的景象，三毛一时竟有些分不出真假，心中填满了怒火。

姑卡被拽到了门外，她一伸手便把阿布弟的脸抓出了好几道血痕，阿布弟反手扭了姑卡的手指。三毛紧张极了，不忍心姑卡受苦，便着急地喊姑卡，叫她上车。

姑卡的哥哥在一旁给三毛从容地解释，叫三毛不要紧张，这就是当地的风俗，女孩在结婚的时候不挣扎，会被人嘲笑，姑卡这种拼命挣扎的女孩才是好女子，而且入洞房的时候也是要哭叫的。三毛无奈地叹息，实在是无法接受这样的结婚仪式。

大概在凌晨五点钟左右，这一行人回到了姑卡家里，姑卡被送到了另外一个房间里。宾客们被邀请进入大厅，和阿布弟的亲友坐在一起喝茶吃骆驼肉。

没过多久，鼓声再次响了起来，男宾客们又开始拍手哼歌。

三毛已经感到困乏，但还是强忍着继续观礼，那些人就一直拍着手唱到天亮。后来，阿布弟站了起来，鼓声也停止了。在朋友们的调笑下，阿布弟向着姑卡的房间走去。看到这一幕，三毛的心莫名地紧张难过起来。

阿布弟进去了很久，后来从屋内传出了姑卡"啊"的一声带着哭音的叫声。虽然这是当地的风俗，可想到姑卡那么真实和无助的痛苦，何况她还只是个十岁的孩子，三毛的眼眶湿润了。

当阿布弟拿着一块染着血迹的白布出来，像战利品一样展示给众人看时，朋友们发出了暧昧的欢呼声。三毛难以忍受这样的婚礼，站起来没和任何人告别便独自离开了。

沙哈拉威人的婚礼要举行六天，每天下午五点后便开始有客人去罕地家中喝茶吃饭，一直唱歌击鼓到半夜，每天都是如此，但三毛再没去过。

到了第五天的时候，一个小女孩来传口信，告诉三毛姑卡想要找她。三毛换了件衣服便马上去看望姑卡。

那个狭小的房间里光线很暗，姑卡看到三毛后非常高兴地过来亲了她的脸颊。姑卡原本是个胖胖的女孩，可这才几天的时间她明显瘦了不少，也憔悴了不少。

三毛心疼地出门拿了一大块肉给她吃。姑卡低声问她，有没有吃了不生小孩的药。这个故事被三毛记载到了《娃娃新娘》中。

异域的文化，有趣，也残酷，它就这么赤裸裸地展示在三毛的眼前。一场婚礼，丰富了三毛的视野，也让她见识了人们喜悦后的挣扎与哀愁。面对不可抗拒的命运，她能为姑卡做的，便是为她送上一点点关心。

第六章
绽放·活出生命的快意和潇洒

① 飞蛾扑火的爱

爱有千般姿态，有的人心心相印，彼此爱慕；有的人明知单相思，也飞蛾扑火般奋勇向前。在沙漠里，三毛就遇见了一段孤注一掷的爱情，有执着、有等待、有痴心，也有伤痕。

在三毛家附近，新开了一家小杂货店，让周围的居民方便了不少。三毛成了这家小杂货店的常客，每天都要去四五次。不久之后，三毛和管理这个小杂货店的年轻人商量着用记账的方式来结算，每当她消费一千西币时就结一次账，这样比较方便。年轻人在询问过店主后，同意了三毛的记账提议，但是他不会写字，所以就送给三毛一个记账本，由三毛单方面记账。

从那时候起，三毛就认识了这位年轻的店员沙伦。这个小杂货店平日都是沙伦一个人打理，店主是他的哥哥，另外还有事业要忙，经常只是来看看便会离开。每次三毛来结账，沙伦对三毛都给予极大的信任，不会再核对账目。这一份信任也让三毛更加谨慎，她把每一笔账都记得清清楚楚，争取不给沙伦找麻烦。

沙伦是个老实人，不善言谈，小杂货店开了一个月了，也没有交到什么朋友。有一天三毛去小杂货店结账，付完钱后准备离开，但是那天沙伦和以往有些不同，好像有什么话要说，却一直没有开口。在三毛快要离开的时候，沙伦涨红了脸，终于说出了自己的请求，拜托三毛给他的太太写一封信。

三毛很惊讶，因为她从没听人提起过沙伦有太太的事情。沙伦拿出了太太的照片给三毛看，照片上的女人有些俗气。看着沙伦提起太太时闪光的眼神，三毛礼貌地夸赞他的太太很漂亮。

沙伦告诉三毛，他的太太在遥远的蒙地卡罗，他们是去年在阿尔及利亚结婚的，结婚时他的太太曾说过几日会和她的哥哥一同来撒哈拉，可是沙伦一直没有等到他们，到现在已经有一年多了，可他就这么在苦苦的思念中执着地等待着。

就在三个月前，沙伦还曾跋山涉水地去阿尔及利亚找过太太，那时她的哥哥说她已经走了，便给了沙伦这张照片和太太的地址。三毛还得知一件重要的事情，就是他们结婚的时候沙伦给了太太家三十多万西币的聘礼，那是他父亲去世前给沙伦留下的财产。

原来，当初沙伦带着这笔钱去阿尔及利亚采购货物，但最后没有采购到货物，而是娶了照片上的女人沙伊达。他们结了婚，他留下了聘礼就回了沙漠，可是太太始终没有来找他。

这个深陷爱情的人，早已经失去了理性和判断力。三毛见沙伦高兴的样子，心中有一种说不出的滋味。提到太太时，沙伦的情绪有些激动，只是这个朴实的年轻人始终不明白，为什么太太始终没有来找他。看到他这样真挚地对待感情，三毛既感动，又觉得悲哀。可三毛发自内心地不想去写这封信，因为她猜测这个女骗子根本不会看这封信，也不会承认是他的妻子。固执的沙伦坚持说太太会找人来念信，一再地恳求三毛帮他写信。

三毛不忍心拒绝，只好一字一句地代沙伦写下了他浓重的思念。平时木讷羞涩的一个人，在面对爱情的时候，克服了羞怯，热烈地表达着心底汹涌的爱。

写完信后，沙伦用阿拉伯文写下了自己的名字，填写了三毛的邮局信箱地址，满心期待地等待着太太的回信。

自从将信寄出去以后，每次三毛去店里，沙伦都充满期待地看着她。每次见三毛摇头后，他的脸上很快就会浮现出一种失望。三毛不敢想象，未来苦等的日子，这个满怀热望的年轻人要如何度过。

后来为了躲避沙伦的询问和期盼，三毛便不再去店里买东西，但她始终没有勇气开口告诉沙伦那个女人是骗子，叫他死心。

沙伦见三毛不再去他的小杂货店里买东西，每天关门后就站在三毛家的窗外等待。他从不敲门打扰三毛，只是等着三毛恰巧看到他时告诉他"没有回信",然后才在轻声道谢后离开。

过了很久,有一次三毛去开信箱,收到了几封信,还有一张邮局的通知单,需要三毛去邮局取一下。到了邮局后,工作人员说,有一封从摩纳哥寄来的挂号信,给三毛的一个叫沙伦的朋友。三毛听到后,吃惊地叫了出来,急忙拿起信快步赶回家中。三毛发现自己估算错了那个女人,她真的不是女骗子。她难以想象,沙伦收到信后会开心成什么样子,又万分期待看到他欢喜的表情。

沙伦收到回信后的确很激动,仿佛天降甘霖,让他的灵魂复苏了。他急忙地关上店门,眼睛里散发着光芒,催促着三毛读信。可拆开信件之后,发现信的内容是法文,三毛只看懂了他的太太说爱他,其他的内容看不懂,只好等荷西下班回来后再读。

沙伦跟着三毛回到家里,一起等荷西回来。经历了漫长的等待,荷西终于回来了,为沙伦读出了信中的内容。

他的太太沙伊达在信中说很爱沙伦,而她之所以没有来撒哈拉沙漠,是因为没有钱了,希望沙伦能够想办法凑够十万西币,送到她的哥哥那里。她的哥哥会用这笔钱给她买机票让她来到撒哈拉沙漠,这样他们就可以永远都不分开了。

愿望总是美好的,可是现实有时却是残酷的。听到这样的内容,三毛被气炸了,大叫起来,她本以为一段爱情要终成眷属,痴情的沙伦即将迎来幸福,没想到这个女人又想要钱。

沙伦却是完全不同的反应，一遍又一遍地与荷西确认沙伊达是不是说她肯来撒哈拉沙漠。最后沙伦满心喜悦地离开了，临走时还脱下了手上唯一的一枚银戒指塞给荷西，以表达感谢。荷西坚持不肯收，又将银戒指戴回了沙伦手上。

爱情给予了沙伦无限的能量，从那天开始，沙伦卖力工作，后来又找了一份兼职。白天打理小杂货店，晚上在镇上的面包店烤面包，每天辛苦工作，只睡两三个小时。不到半个月，三毛再见到他的时候，他明显消瘦了不少，人也格外憔悴，眼睛里布满了血丝，整个人的状态都很差。为了省钱，他连烟也戒掉了，用两个月的时间存下了一万西币。虽然生活过得很苦，但他心怀期待，想着攒够了钱，迎接沙伊达的到来，他就能过上幸福生活了。

疲惫的生活，让沙伦不堪重负。有一天晚上，他实在太累了，竟然把手放到了烤得通红的铁皮上，双手被严重地烫伤。哥哥没有允许他休息，他白天照旧会去小杂货店工作，用手腕夹着东西拿给顾客。

沙伦的手被烫伤之后，他每天晚上都会到三毛这里涂药膏，然后再去面包店打工，仍旧一刻不停地为他遥远而渺茫的爱情努力着。

眼见着手上的烫伤逐渐好转，沙伦很高兴地说着手结痂后或许就可以再去烤面包，他和沙伊达团聚的日子不远了。正准备给沙伦换药的三毛听他又提起了沙伊达，有些不耐烦，最后忍不住爆发了，质问沙伦是不是真的不知道沙伊达是个骗子。沙伦没有愤怒，看着自己烫伤的手，眼泪夺眶而出，伤心地离开了。

三毛觉得，沙伦也许从一开始就什么都明白，只是沉浸在这个幸福美丽的梦中不愿醒来，说到底，不过是自欺欺人罢了。这个缺失了爱情、亲情、温暖的年轻人，即使碰到了假的爱情，也要不顾一切地去抓住。

第二天，沙伦又来找三毛换药。三毛倒是很意外，她以为自己昨天的话伤害了沙伦，他不会再来换药了。那天沙伦很安静，临走的时候在门口忽然转身对三毛说了声"谢谢"，还对三毛怪异地笑了笑。三毛觉得这一切很不寻常，因为沙伦平时很少笑出来，仿佛在预示着什么，却又说不清楚。

过了一天，三毛清晨出门倒垃圾时来了两个警察，向她询问沙伦的去向，因为在前天夜晚沙伦拿走了小杂货店进货的钱和面包店的账款逃跑了。

三毛很吃惊，她没有想到沙伦会做出这样飞蛾扑火般的选择，很悲壮，但很不值。她无限感慨：这个痴情的青年，一个人完成了一场轰轰烈烈的爱情。

❷ 沙漠里的白马征途

在沙漠里住久了,三毛与荷西的故事越发生动有趣。他们努力地经营着生活,感受着沙漠的魅力。

三毛与荷西省吃俭用,买了一辆白色的汽车。他们没有车库,只能把车停在外面,任由风吹日晒,但它倒是很坚强,也能从容地适应沙漠恶劣环境的考验。这辆车并不适合在沙漠开,但是在三年中,这辆车带着他们跑了十八万公里的路,很省油也很省心,即使在很糟糕的路况里,也没有出过什么大的故障。三毛非常喜欢她的"假想白马",不过为了获得驾驭"白马"的资格,三毛真是大费周章。

其实在获得驾照以前三毛就已经学会开车了,具体是什么时候学会的,她也说不清楚。很久以前,只要旁边有人开车,三毛就会看着用心学。她胆子很大,有机会的时候她就会去摸方向盘,久而久之也就会开了。荷西在沙漠买了这辆车的时候,三毛非常兴奋,她经常开着车去小镇办事或者接荷西下班。一直以来都很顺利,三毛也认为自己已经是一个有驾照的人了。

有一次,她听到荷西的同事聊天时提起,在沙漠考驾照特别难,某位太太考了十四次的笔试仍旧没有通过,还有一个沙哈拉威人,考了两年还在考路面驾驶。三毛一直在回避这样的问题,便不吭声,只是悄悄地开着她的车子逍遥来去。后来,三毛的父亲写信时提到,希望她在沙漠有空闲的时候把驾照考下来。三毛思来想去,决定面对这个大难题。

三毛当时住的地方是西班牙的属地,所以沿用的是西班牙驾考制度。三毛要想考驾照,必须先进入"撒哈拉汽车学校"去学习驾驶,由学校代为报名,学会之后才可以参加考试。在三毛计划去考驾照后,荷西就向同事借了好几本不同学校的驾考练习题。三毛平日里虽然很爱看书,但是看到荷西拿来的这些练习题,怎么都做不下去。

过了几天,三毛正式到"撒哈拉汽车学校"报名。这所汽车学校很热闹,因为沙漠里的居民都把拥有汽车作为迈进文明阶层的象征。三毛在报名时还发生了一件比较惊险的事情。在她报名的柜台旁边站着两个交警,他们与三毛中间只隔了一个人,三毛吓了一跳,假装镇定地转过身去随意看着旁边墙上的照片。

不一会儿,其中的一个警察向三毛走来,看了她半天之后,说他不止一次看到三毛在镇上开着车到处跑。三毛见状不妙便开始说英文，表示自己不懂西班牙语。另一名警察闻声跑来，也说看到过三毛开着车去邮局。可是让他们犯难的是，三毛此刻并不在车上，又没办法制裁她。趁着他们反反复复讨论时三毛偷偷溜到柜台，快速地报名缴费，预约好考试时间，领了学习资料就离开了。当她上了车，刚要发动车开走的时候，三毛发现了刚刚那两个交警，他们就躲在墙角，准备将三毛抓现行。三毛心中一惊，急忙下车，走路离开，等荷西下班之后才让他把车开回去。

三毛练车的时间被安排在中午的十二点半，正是沙漠里一天最热的时候。她和教练两个人闷在车子里，热得要命。三毛便和教练商量，让教练把自己的课时都签上字，自己就不学了，考试的结果也由自己负责。教练一听也非常高兴，欣然答应，还请三毛喝了一瓶汽水，提前庆祝她毕业。

听说三毛不肯再去练车，荷西很生气，逼着三毛去上夜课。

三毛第一次去上夜课，看到一个班级有很多人，大家一起大声地朗读着交通规则，十分有趣，因为她从来没见过沙哈拉威人如此认真地对待一件事情。三毛读的是西班牙文班，虽然也有很多学生，但是来听课的人不多。

三毛的老师是个很有文化气息的小胡子中年人，还向三毛很有礼貌地请教中国文化。三毛给他讲了很多内容，还把很多象形文字画出来给他讲解。第二天这位老师还把自己写满中国字的练习本给三毛看。三毛夸赞他写得好，老师很高兴地又继续和三毛攀谈起中国的孔子、老子、庄子，就这样讲了很久，三毛回家的时候天已经黑透了。

为了应对考试，三毛关紧大门，忙活家务之余努力背诵交通规则。快要笔试之前，荷西拿起书开始考三毛，他声色俱厉，装作一个严肃的考官问着各种问题。三毛被荷西这么一问，感觉大脑忽然就蒙了。看着荷西有些生气了，三毛急忙去厨房喝了一口老酒，醒了醒神儿，一股脑儿地背诵完所有篇章。

荷西对三毛惊人的记忆力有些吃惊，但还是有些担忧地提醒三毛，在考试的时候千万不要紧张。三毛万一紧张了，看不懂西班牙文，恐怕是要吃亏的。

听了荷西的话，原本还自信满满的三毛担忧了整晚，第二天便开车去了交通大队。一个没有驾照的人开车去交通大队，简直是自投罗网，但是三毛很淡定地把车开到了交通大队的办公室门口。

三毛见到头发花白的主考官后，说明了自己的情况，并向他提出请求，希望口试答题。因为没有这样的先例，而且他们需要存档记录，主考官拒绝了三毛的请求，并安慰她，一定能通过考试。无奈之下，三毛不好再强人所难。走到门口时，那位主考官叫住了三毛，说三毛的家太远，他叫两个"孩子"送她回去。

三毛谢过了考官，出门便看到了考官说的两个"孩子"，他们正是那天在汽车学校抓住三毛无证驾驶的两个交通警察。三毛客气地对他们说，不想麻烦他们，也请他们放过她一次，让她自己开车回去。但这两个"孩子"还是坚持把三毛送回了家。

很快，考试的日期到了。三毛来到考场后，发现那里早已经聚集了几百个人。三毛刚进考场的时候还是很紧张的，为了缓解紧张的情绪，三毛放下纸笔，静坐了一会儿。这样的做法却让窗外的荷西急得够呛，因为每个人只有十五分钟的作答时间。

过了一会儿，三毛冷静下来，仔细看了试卷后，她便忍不住笑了起来。因为每一道试题，都像极了疯狂的笑话。例如，你开车碰到红灯，应该（1）冲过去；（2）停下来；（3）拼命按喇叭。你看到斑马线上有行人，应该（1）挥手叫行人快走开；（2）压过人群；（3）停下来。诸如此类的内容让三毛狂笑不止。她只用了八分钟就做完了试题，到考官那里交了试卷，并轻声向他道谢，随后穿过埋头苦答的考生们，悄悄地开门出去了。

出门之后荷西还一直安慰三毛，三毛却卖了个关子，没有告诉荷西她已经胸有成竹。等了许久，当考官公布了三毛的名字时，荷西像收到了一份意外惊喜，兴奋地将三毛抱了起来。

考技能操作时也很热闹，两百多个人笔试下来，只剩下八十多个，考试前三毛的教练还贴心地告诉她，不要上前三辆车，等别人把引擎用热了再上车，这样不容易熄火。

终于轮到三毛上场考试了，她有条不紊地做着一系列的操作，不远处的很多观众都在给她鼓掌呐喊。可是三毛一高兴便溜了神儿，让车一下子滑出了路面，冲到了沙浪里，随后熄了火。

人群中发出惊呼和大笑，三毛记得很清楚的是，其中笑得最欢的就是荷西。

后来经过了一个星期的反省，三毛提醒自己千万不能再大意，所以再次考试时她全神贯注，本应该在四分钟内完成的考试操作，她在两分三十五秒便全部完成，而且没有失误，三毛成为当天及格考生中唯一的女人。

最后一关是路面考试，三毛中午开了很长时间的车送荷西去上班，又将车开回了小镇，找了个地方把车藏好，然后走路去闯考试的最后一关。

原本她十分逃避的驾照考试，却在这个摸索的过程中找到了乐趣，喜欢上这种过关斩将的感觉。在这一轮考试中，通过的人共有七个，三毛便是其中之一。

自从拿到了驾照后，三毛的心情就更好了，坦坦荡荡地开着车潇洒来去。

有一天，三毛停好了车刚要离开，突然跑出来两个交通警察，高兴地说着终于抓到了三毛，三毛从容地拿出了自己的驾照。可那两位警察看都不看还是给三毛开了罚单，因为三毛把车停到了公共汽车站前，违反了交通法规。三毛大声地反驳，说这镇上根本就没有公共汽车，但警察说，将来会有的，因为牌子已经挂好了。

三毛虽然很生气，但大脑转得飞快，她迅速回忆起那些交通法规。忽然，她灵机一动，推开两个警察，把车子开出了几米后停下来，又下车把罚单塞给了他们，还说出了关于停车的交通规则，在某地停车两分钟之内开走，就不算违规停车。三毛哈哈大笑，心情大好，十分得意地提着菜篮子去购物了。

平淡的岁月，因为这些点点滴滴的故事，变得格外有趣，也许这就是生活的魅力。

③ 让善良化作一束光

善良是一束光,闪着人性的光辉,能把他人照亮。善良的三毛常常帮助邻居,这样的举动让她的沙漠生活更加丰富了。

三毛平时很不喜欢看医生,因为体弱经常会生一些小毛病,所以她总会准备一大盒药品,以备不时之需。久病成医,她也攒了不少治疗小病的心得。

来到沙漠生活后,她用这些随身药品帮了不少人。一次,她在沙漠旅行的时候,遇见了一位被头疼困扰的沙哈拉威老人,她便给了这位老人两片止痛药,帮她止住了头痛。后来,总会有老人或者小孩来她的帐篷里讨药。三毛只敢给他们一些红药水、消炎膏、止痛药。这些药对于远离城市的沙漠里的游牧民族来说,能够起到很大的作用。

三毛在阿雍小镇住了一段时间后,她的非洲邻居也因为头痛来向她讨要止痛药。但是小镇上的情况和沙漠里的游牧民族不同,镇上有医院,看医生很方便。而当地的妇女并不会去看医生,只因为医生都是男人,这些女人宁愿病死也不愿意让男医生帮她们看病。无奈之下,三毛只好拿了两片止痛药给这位邻居,帮她减轻了一些病痛的折磨。后来这件事情就被悄悄传开了,导致越来越多的人来找三毛讨药。

因为无法扭转她们的观念,又不忍心看着她们遭受病痛的折磨,三毛还是会送给一些患有小毛病的邻居药品,帮助她们减少痛苦。对于一些常见的小毛病,三毛的药大多数时候都很奏效,有时候她还会上门帮人瞧病。姑卡在出嫁前的半个月,大腿内长了一个红色的疖子,开始有些硬,也没有脓,只是表皮因为肿胀被撑得发亮,可第二天腿上的疖子已经肿得如桃核一般大了。

三毛见姑卡的病况很严重,就建议姑卡的母亲送她去医院。可姑卡马上就要出嫁了,她的母亲坚决不同意。三毛没有办法,只能连续用消炎药膏给她涂抹患处帮她消炎,可就这样持续了三四天,仍旧没有好转。姑卡被折磨得躺在破席子上呻吟,可任凭她多么痛苦,病情如何恶化,她的家人们都铁了心不送她去看医生。

三毛不忍心看着姑卡受苦,只能继续想办法。后来她想到在医书上看过的一个老方法,将黄豆捣成糊状倒在小碗内,然后帮姑卡涂在患处,缠上纱布。第二天她去帮姑卡换黄豆糊的时候,发现她大腿上的疖子有了变化,已经开始发软。

第三天,开始有黄色的脓在皮肤下露出来;第四天,流出了大量的脓水,还流了一点血,三毛再次帮她涂上药水;又过了几天,她的患处就渐渐好了。

在荷西下班的时候,三毛将姑卡康复的好消息告诉了他,向他小小地炫耀了一番,荷西称三毛是"黄豆医生"。

还有一次,三毛的邻居哈蒂耶陀登门来找三毛治病。她告诉三毛,从大沙漠里来的表妹快要死了,让三毛帮忙去看一看。一听说人快要死了,三毛有些犹豫了,问她是什么病。哈蒂耶陀不知道是什么病,只会形容她的状态。

荷西听到后,警告三毛少管闲事,因为一旦这种病重的人死了,人们会认为是被三毛医死的。三毛明白荷西的担忧,但是又觉得她们很可怜,便偷偷打发走哈蒂耶陀,告诉她要等先生上班后自己才能出去。

荷西上班刚走,三毛就溜出来跑到了哈蒂耶陀家看病人的情况。三毛看到了哈蒂耶陀的表妹,她很瘦,不过从她的舌头、指甲、眼白来看,她是健康的,而且也没有发烧的症状。三毛问她什么地方不舒服,她也说不清楚自己哪里不舒服。后来哈蒂耶陀用阿拉伯语为三毛翻译,说表妹的耳朵一直在响,眼睛也渐渐看不清楚了,更没有力气站起来。

了解了症状后,三毛问了哈蒂耶陀几个问题,比如,是不是她的表妹一直住在大沙漠的帐篷里,吃得不太好,哈蒂耶陀点了点头，说那里根本没有东西吃。

三毛回家拿了维生素，嘱咐哈蒂耶陀给表妹服用，又叫她杀羊给表妹煮羊汤喝。大概不到十天，哈蒂耶陀的表妹自己登门感谢三毛，整个人都精神了不少。

荷西看到她后就笑着问三毛，怎么治好快要病死的人的。三毛告诉她，哈蒂耶陀的表妹根本没有生病，只是极度的营养不良。

三毛还在沙漠里开了免费的女子学校。她住的地方是阿雍小镇的外围，这里很少有欧洲人来住，所以她与荷西交的朋友大部分都是沙哈拉威人。她平时在家中会教当地的一些妇女学数字，认识钱币，还有一些简单的算数题。

有一天，一个学生在书架上抽出了一本叫作《一个婴儿的诞生》的书。那是一本西班牙书籍，讲述了妇女是如何受孕，孕育生命，到婴儿诞生的过程，书中有丰富的彩色配图。学生们看到这本书后产生了强烈的好奇心。于是三毛便停下了算数课，给学生们讲起来。

一个从来没有生过孩子的老师，给几个已经生过孩子的母亲讲关于孕育生命和生产的事情，她自己都觉得很奇怪。不过，虽然这些知识不能给这些女人增添多少幸福感，却可以让她们了解一些常识，总是有益处的。

后来，三毛的一个学生法蒂玛对三毛说，希望她生产的时候三毛能来。听到这个消息,三毛大吃一惊,因为三毛几乎天天见到她,却不知道她已经怀孕了。可当三毛问她怀孕多久了,法蒂玛自己也不知道。三毛尽力地说服了她,让她将缠在身上的一大块布料拿了下来。

法蒂玛已经生过一个男孩,那时是她的母亲为她接生的,但她的母亲已经去世了,现在无人替她接生。三毛建议她去医院,因为医院的医生是男人,法蒂玛果断地拒绝了。她一直哀求着三毛,叫三毛按照书中的内容来做。三毛虽然心软,可是一想到事关生死,而且是两条人命,还是没敢答应。日子久了,这个生活的小插曲就被她慢慢淡忘了。

过了一个多月,某天黄昏时刻,一个三毛并不熟识的小女孩登门来访,嘴里一直说着法蒂玛的名字。三毛急忙让小女孩去叫法玛蒂的丈夫回来,紧接着就飞奔到法玛蒂家里。法玛蒂三岁的儿子正在一旁哭,法玛蒂疼得直喊,她躺的席子上有一摊水,三毛迅速反应过来,一定是羊水破了。

她急忙把小男孩抱到邻居家中,又带了一个中年妇女一起去法玛蒂家,当时那个女人还非常生气地用阿拉伯语骂了三毛。后来她才知道,在当地的习俗中,看到别人生小孩是很不吉利的事情。

三毛飞奔回家,取了剪刀、棉花、酒精、书,正在想着还需要准备什么的时候,荷西回来了。荷西知道三毛要去接生后非常生气,不准她去,三毛这才清醒了些。但形势紧迫,她还是坚持要去,激动地大喊着荷西是没有同情心的冷血动物。正在他们争吵时,法玛蒂的丈夫出现在了窗口。

荷西告诉法玛蒂的丈夫,法玛蒂需要去医院,不能让三毛去为他的妻子接生,否则会害了他的妻子。

后来,法玛蒂在当地政府医院里顺利地生下了一个男孩,她是本地人,还享受了政府的免费医疗政策。法玛蒂出院后并没有因为男医生给她接生的问题而感到难堪,相反她因此非常骄傲,因为她是附近地区第一个到医院去生小孩的女人。

三毛其实还有一段医治动物的独特经历。

有一天,她在阳台晾衣服,忽然发现天台的羊栏里多了两只小羊,就连忙叫荷西一起来看这两只可爱的小羊。但很快,三毛发现母羊因为刚刚生产过,身体内拖出了一大块类似衣胞的东西。

房东说母羊带着衣胞会死的,只能杀了它。看着可怜的母羊,三毛又动了恻隐之心,她觉得母羊如果死了,刚出生的小羊没了母乳,可能更难存活,便告诉房东先别杀掉母羊,让她试试看看能不能治好。

三毛想了许久,终于想到了一个曾经从农夫口中听闻的方法,便拿起家中的一瓶葡萄酒,给母羊灌了下去。她其实没有太大的把握把母羊治好,甚至还暗暗地祈祷母羊不要醉死。

第二天房东来道谢，因为母羊已经治好了，母羊肚子里的脏东西全都出来了。

三毛其实比较喜欢做赤脚医生，因为要帮法玛蒂接生的事情把荷西吓坏了，三毛客串医生的事情便不再敢告诉他。荷西也理所当然地认为三毛经历了那件事后不敢再出去给人治病了。

有一天，三毛与荷西准备去大漠中露营，正在往车上搬各种物品。这时候一位女邻居过来聊天，向荷西称赞他的太太非常厉害，帮她修补了牙齿，她的牙很久都没疼了。三毛一听急忙转移话题，可是荷西已经听到了，无奈又好笑地问她什么时候又做起了牙医。

三毛如实招来，她上个月帮助两个女人一个小孩补了牙齿，而补牙的材料让荷西大吃一惊，竟然是指甲油。荷西被吓得不清，追着她要问个究竟，三毛急忙逃开了。

不管三毛医好了多少人，荷西始终都对她的医术没有信心，平时绝对不会给三毛医治他自己的机会。有一次，荷西胃疼，三毛就给了他一包药，并叫他试试看，说会有效果的。荷西半信半疑地被三毛灌下了一包药，还是不放心地看了看药的包装，上面的中文他看不懂，但是他恰巧看到了有英文写的"维生素U"的字样。他难以置信地问三毛，维生素怎么会有U种，又怎么能治疗胃疼。三毛也不懂，看了看包装，果然有荷西说的字，她笑了很久，不过荷西的胃疼也的确被她治好了。

送人玫瑰,手有余香。三毛对周围邻居和朋友们的付出,从来不求回报。她尽己所能,帮助他们解决一些麻烦,减少一些痛苦,这件事情本身便足以让她感到快乐。

面对生活的困境,我们的举手之劳,也许便能化作一束光,照亮他人。

④ 记录珍贵和美好

记录生活，也是一种珍视生命的方式。人的记忆容量有限，那些生命中经历的美好会渐渐被时间的洪流冲淡，但是我们可以通过另一种形式留住那些美好与精彩的故事。无论是通过文字、照片，还是影像，多年以后，再重新阅览，都能勾起一些回忆，体会生命经历的芬芳，别有一番情趣。

三毛很喜欢摄影，除了写作，她还会用照片记录人生旅途中的精彩见闻。在沙漠生活的时候，她就用相机记录了不少美丽瞬间，也发生了不少关于摄影的故事。

刚到沙漠时，她想通过相机记录那些美丽而震撼心灵的异域文化。当时在沙漠旅行，三毛的经济能力有限，只能带一些食物和水，有时候甚至连租车的钱都没有。不过她还是把照相作为一项重要内容，带着相机、三脚架、一个望远镜头、一个广角镜头和几个滤光镜等特别基础的器材。

三毛在马德里曾买来一些拍照类的书籍自学。在去沙漠之前,她在拍摄的几百张照片里,偶尔能选出一两张好的。来到沙漠后,她被这片美丽的异域风光深深地震撼,常常激动地想用相机记录下这里每时每刻的风光。那连绵的沙丘,在烈日下尽展沉静与温柔;那黄昏里的残阳,给世界染上了一片凄厉的红;那荒漠里的海市蜃楼,如梦如幻,又同鬼魅;那狂舞的风沙,是大地的焦灼与嘶吼……

沉浸在这种美丽风光中的三毛,常常会忘记旅途中的辛劳,甚至忘却自我。而她在面对这么壮美的风光时,又时常感慨自己所掌握的摄影技巧匮乏,若拥有更加高超的摄影技能,便能够把她看到的景象和内心深处的感动更好地融合与表达。

大漠里的一切,都深深地吸引着三毛。这里的居民走路和吃饭的样子,他们的服饰、语言、手势、婚嫁习俗……一切都牵动着三毛的心绪。可凭她一个人的力量很难将大漠文化记录完整,于是着重选了几个部分去拍摄。

思来想去,三毛还是更喜欢记录人文景观,喜欢拍人物。后来,经人介绍,三毛和一个可信赖的沙哈拉威人巴勒上路了,开始了漫长的旅程。

这次旅程,他们从大西洋边开始,到了阿尔及利亚附近,又绕回来,途经了很多游牧民族生活的地区。三毛旅行时会带一些常用的药品,还有一些美丽的串珠、耐用的渔线、白糖、奶粉和糖果等。

用物资交换友谊，一度给三毛带来了不少羞耻感，但确实也让她更深入地了解了这些当地居民，与他们更亲近了。

每当车在帐篷前停住的时候，三毛便会跳下车向帐篷走去。她从来都不会直接拿起相机随意拍摄，而是先与当地居民接触并沟通。

见当地居民看到陌生人常常会惊恐地一哄而散，三毛便用温柔的语调安抚他们不要害怕，并拿出准备好的小礼物送给他们。虽然三毛知道他们听不懂西班牙文，但是可以用温柔的语调安抚他们，让他们感觉到善意。

送完礼物后，三毛还会给他们治疗一些普通常见的病症，有皮肤炎症的就让他们涂一些消炎的药膏，头疼的就让他们服用止痛药，眼睛不舒服的就让他们涂一些眼药膏等。

有一次她给一位头疼的老人服下止痛药，又送了一些其他的小礼物。没过一会儿，老人觉得头不痛了，非常高兴地拉着三毛到她的帐篷里去，为了表示感谢，还把自家的媳妇和女儿叫了过来。

这些女子身上有很重的体味，脸上用黑布遮了起来，身上也用黑布包裹着。三毛打着手势示意，希望她们可以摘下脸上的布。

她们羞涩地把布摘了下来，露出了淡棕色的美丽脸颊。那种包裹着羞涩的异域风情，让三毛的心深受震撼，她情不自禁地举起了相机。

这些女人从没见过中国人,也没有见过相机,一动不动地看着她,任由三毛拍照。后来这家的男人回来了,看到三毛的相机暴跳如雷,把那几个女人痛骂一番,使得几个女人惊恐地缩在了角落,又用很不流利的西班牙文痛斥三毛,说她收了她们的灵魂,让她们生命垂危,甚至要对三毛动手。这样的说法,让三毛大吃一惊。

三毛见情况不妙,急忙往外面跑,逃到了车上。他们原本可以马上开车离开,可善良的三毛转念一想,如果她带走了偷拍的照片,必定会给这些女人留下难以弥合的心灵伤害,而她们自认为被摄走了灵魂,难道没有权利讨回灵魂吗?

眼看着他们的车要开走,那几个女人吓得脸色惨白。三毛叫巴勒停车,她下去告诉这几个女人,要释放她们的灵魂,让她们不要再担心害怕。

巴勒告诉三毛,其实她不必这么做。可三毛还是执意把底片拉出来,迎着光,让这些人看清楚,底片是空白的,什么都没有。那几个女人看了之后,慢慢放松下来,露出了满意的微笑。

与三毛同行的一位老沙哈拉威人告诉三毛,从前有一种东西对着人照就会清清楚楚地摄取魂魄,比三毛手中的盒子还要厉害。三毛开始没听明白,问了问巴勒,等他解释清楚后,便在自己的背包里找出了一面镜子,让老人确认是不是这个东西。当他们看到镜子后大吃一惊,巴勒刹住了车,三毛也被吓了一跳,她难以想象在当时的世界上竟然还有人没见过镜子，会觉得镜子可以摄人魂魄。

再去沙漠旅行的时候，三毛就会带着一面镜子，下车的时候她会用石块把这面闪光的镜子支起来。居民们的注意力都会被那面会摄魂的镜子吸引，反而不再关注三毛的相机。

三毛常常会蹲在镜子面前梳头发，照镜子，擦脸，然后很淡定地走开。后来有好奇的小孩会凑过来在镜子面前调皮地晃一晃，晃过几次之后，发现什么都没有发生。一些沙哈拉威人也会围着镜子开始各种奇怪的讨论。渐渐地，人们熟悉了镜子后，镜子会摄魂的传闻也消失了，不再对镜子感到恐惧。

在结婚之后，荷西也常常拿着这部相机出去拍照，他成了"收魂人"。

有一次，三毛与荷西到大西洋沿海的沙漠去旅行。某天中午，他们经过了一片接近纯白色的沙漠，而沙漠的另一边就是深蓝色的海洋。忽然，远方飘来了一片淡红色的云，慢慢地落到了海滩，整个海滩仿佛被铺了一片落日的霞光。三毛定睛一看，才惊讶地发现那是成千上万只红鹤一同在海滩上觅食。

她急忙叫荷西去拍下这幅美丽的画面。可是他们离这群美丽的红鹤实在太远，根本拍不全。荷西着急地要下车离红鹤近一些再拍，三毛怕他吓走了红鹤，告诉他保持安静，不要去。可没等她说完，荷西已经脱了鞋子朝着海湾走去。还没等他走近，那片红云便飞走了。他们遗憾地错过了这幅美丽的画面，三毛只有将那一刹那惊艳的美印在心上。

还有一次，三毛与荷西在距离阿雍镇不远的地方露营。有个当地人看到了他们的帐篷，便过来攀谈。他是一个非常年轻的沙哈拉威人，会说西班牙语，还跟他们讲了一些关于自己的事。

他曾经为一个修女的流动诊疗车帮过忙，一再地表达自己是个受过文明洗礼的人，还非常客气地希望荷西能给他拍照。他把荷西的手表借去，小心翼翼地戴在手上，摆出一副和他的气质不太相符的姿态。他还十分客气地询问了相机是不是彩色照相机，三毛被问得一愣。他又重复了一遍问题，故作懂行地说以前那个修女有一架黑白的，但是他喜欢彩色的。

荷西在一旁很一本正经地接话，告诉他，他们手中的相机是世界上最好的天然十彩相机，并认真地为他拍下了他自以为非常优美文明的样子。

三毛听完偷偷笑个不停，一抬头发现荷西正要拍她，便蒙住了脸大喊："彩色相机来摄洁白无瑕的灵魂啦！请饶了我这一次吧！"

三毛用相机记录了那些精彩的、感动的、美丽的瞬间，也用文字记录了因摄影发生的有趣故事。这些成为三毛生命中最珍贵的礼物，让她平凡的人生闪着温柔的光芒。

第七章
相守·有一种爱叫不离不弃

❶ 荒漠之夜的生死考验

在沙漠，除了见识当地独特的人文生活，三毛还经历过惊心动魄的生死考验，这成为沙漠生活中难忘的一笔。

人生最潇洒惬意的事，就是随时来一场说走就走的旅行。某天下午荷西下班后，没有像以往那样直接回家，而是把三毛喊出去，要带她去找小乌龟和贝壳的化石。三毛兴奋得不得了，连忙上车，两人高高兴兴地踏上了有趣的探索之旅。因为路程不远，他们就没带什么东西。三毛穿了个连衣裙和一双拖鞋，出门的时候顺手拿了挂在门上的皮酒壶，里面有一些红酒。

来回三小时车程，一小时找化石，晚上十点左右回来，正好吃晚饭，这便是荷西的完美规划。

怀着激动的心情，两个人沿着公路向小镇南方开出了二十多公里，又继续向沙漠前进。

下午六点左右的时候，日落后的余光仍旧明亮刺眼，风却有了丝丝夜的凉意。他们一直沿着别人留下的车轮印前行,欣赏着独特的沙漠风光。

广袤的沙漠就如同巨人一般,平静地舒展着躯体。面对沙漠,三毛冒出了一种很奇怪的想法,他们用车轮轧它的身体,挖它的植物,找他的化石,捉它的羚羊……他们会不会有一天死在荒漠里。听了她的奇妙想法,荷西哈哈大笑起来。

他们越走越远,夜色越来越深,气温也越来越低。黑夜包裹着刺骨的寒意,考验着荒漠里的不速之客。不久后,荷西告诉三毛,他们到了迷宫山。三毛有些迟疑,万一在迷宫山迷了路该怎么办?

不过还好,荷西用了半个小时左右就把车开出了迷宫山。可是前面的沙地里已经没有车轮印了,而且十分陌生,也不适合普通汽车行驶。这样的情况让三毛非常没有安全感,但荷西还是铁了心要去找化石。

他们又往前开了一段路,面前出现了一片低地,地面上还笼罩着一层淡紫色雾气。荷西慢慢地将车顺着一个斜坡滑下去,然后停下车,走过去探路。三毛抓了一把地上的泥沙,发现是湿的,察觉出一些异样。荷西在前面探路,让三毛在后面开车跟着。

荷西越走越远,三毛缓慢地开着车跟在他后面,并与他保持一段距离。忽然,三毛发现荷西身后的泥土似乎在冒着气泡。她见状不妙急忙刹车,大喊荷西,叫他停下来。

可他们之间有一段距离,荷西没有听清三毛在喊什么。三毛着急地下车向他跑去,大声呼喊。不知不觉中淤泥已经没过了荷西的膝盖,他大吃一惊,才猛然反应过来,自己已经处于危险中,又条件反射地挣扎了一下,结果差一点倒下。

刚刚还在探路的荷西,在几秒钟内就陷入了生命危机。三毛远远地望着他,却无能为力,全身的神经都紧绷了起来,当时淤泥已经没到了荷西的腰部。她看到荷西附近有一块石头,便大喊着指引他去抱住石头,荷西挣扎着用尽全身的力气抱住了沼泽中的这块石头,才暂时躲避了危险。

见荷西暂时没有生命危险了,三毛马上回到车里去寻找可以救荷西的物品。因为来的时候很匆忙,而且计划当天就返回,他们带的备用品非常少。除了三毛出门的时候拿的酒壶,还有两个空瓶子和一些《联合报》,以及一个工具盒。三毛发了疯地四处寻找,在沙漠里无助地乱跑,希望能找到绳子、木板或者其他什么物品,可是这茫茫的沙漠里除了漫天的沙石,什么都没有。荷西就在沼泽里紧紧地抱着石头,呆呆地望着三毛。

荷西尽量让自己冷静下来去安慰三毛,让她不要着急,但是三毛还是从他的声音里听出了紧张和恐惧。

黑夜的布幔渐渐爬满了天空,太阳已经要彻底落下去了。三毛无暇去欣赏这片美丽迷人的景象,她更真切地感受到的是阵阵寒风。再过几个小时，夜更深了，沙漠会更加寒冷，三毛如果还是没有办法救出荷西，恐怕他就会有被冻死的危险。

是开车回去找人来救荷西，还是在这里陪着他继续想办法？三毛陷入了纠结的选择。她害怕自己找到人回来救荷西的时候，他已经被冻死了，可眼前自己又想不出什么可以救他的办法。荷西非常担心三毛，一直叫她赶快回到车里，不要被冻坏。深陷险境之中，他们却时时刻刻都牵挂着彼此。

就在三毛陷入纠结的时候，她忽然看到了地平线有亮光，愣了一下，随后确定那就是车灯发出的光，兴奋地大叫起来。她一边告诉荷西这个好消息，一边疯狂地按着车喇叭，后来干脆爬上车顶挥舞着手臂大喊，以引起对方的注意。过了一会儿，那辆车终于注意到了三毛发出的信号，赶了过来。可三毛不知道的是，她拼命呼喊来的，并不是希望和生机。

远处的吉普车开了过来，车上有三个沙哈拉威人，拉着一些装茶叶的木箱子。

他们在离三毛有一段距离的地方停了下来。三毛猜测他们一定是因为在荒漠里对陌生人有戒心，所以才不肯上前和她说话。于是三毛连忙跑过去，向他们求救，说明自己的丈夫正身处险境。

那几个男人见三毛一个女人，就放下了戒心。三毛仍继续请求帮忙，而他们说没有绳子，根本没有帮忙的打算。更让三毛意想不到的是,他们还打起了三毛的主意,开始对她动手动脚。他们没有雪中送炭,反而趁火打劫。

这三个男人的举动,让她吃惊得狂喊起来,本能地去挣脱他们的魔爪。过了好一会儿,三毛趁机用沙子迷了他们的眼睛,勉强脱逃,向车的方向狂奔,那三个男人穷追不舍。三毛逃上了车,发动了引擎,看了一眼还身陷沼泽中的荷西,心里有种说不出的痛苦和绝望。

荷西在那边大喊着叫她快逃,三毛狠踩油门,疾驰而去。那三个男人开着吉普车一直在后面追。后来三毛将车开进了迷宫山,绕过了半片山,见吉普车没有跟上她,便把车灯熄灭了,急忙调换方向,在一处适合藏身的沙堆后面停了下来。

那辆追她的吉普车绕了许久,没有找到三毛,便向着另外的方向开走了。三毛很不放心,又爬到沙堆上,看着吉普车的灯光消失在远处,才终于放下心来,等她缓过神儿的时候,已经出了一身冷汗。刺骨的寒冷和疲惫感,反复打磨着三毛的意志,她心中始终有一股力量在燃烧——她不能倒下,荷西还在等着她。

冷静了几分钟之后,她在星光的指引下明确了自己的方位,但马上再次需要面对之前一直纠结的问题,是去找人救荷西,还是自己想办法救他?她忽然注意到了车上的坐垫,想着也许可以用坐垫将荷西拖出来。于是,她发动了车子,经过弯弯绕绕的路程,又回到了那片沼泽旁。在沼泽旁,三毛呼唤了许久,四周寂静无声，她甚至绝望地做出了最坏的打算，也许荷西真的已经冻死了。

过了许久，三毛听到了荷西微弱的回应，她把汽车坐垫丢了过去，又把备胎和汽车前胎都拆了下来，将自己的长裙也脱下来打成绳结，丢给了荷西。可是经过这一晚上的折腾，她怎么也提不起力气拉动荷西。

在荷西的指示下，三毛将绳子的另一头绑在轮胎上，自己一点点地从沼泽里挣脱出来，挪到了岸边。

上岸后，荷西已经筋疲力尽，倒了下来。这个时候，他们临行时拿来的红酒起到了很大的作用，三毛给他灌了几口让他驱寒。缓了一会儿后，荷西又慢慢地爬回车里。三毛将车内暖气开到最大，继续给他灌红酒，同时用红酒给他擦拭身体。好像过了很久，荷西的脸上终于有了血色，慢慢恢复了意识，逐渐清醒。至此，他们才算度过了凶险。两个人休整了一会儿，在小熊星座的指引下，得以安全回家。

难忘的沙漠之夜，他们经历了生死，经历了无助和绝望，但始终没有放弃。这次经历虽然凶险，却也给了三毛的生命一次深刻的洗礼。

❷ 告别撒哈拉,但愿人长久

人生聚散无常,除了珍惜相聚,我们还要接受离别。

在浩瀚贫瘠的撒哈拉沙漠,三毛留下了一段丰富精彩的故事。可是这段平静而美丽的故事最终迎来了一种残酷的结局。

随着西班牙的国力衰退,沙哈拉威民族日益强大,三毛与荷西居住的地方不时地会发生爆炸,游击队还会突袭西班牙人。

荷西觉得是时候离开这里了。三毛有些无奈,但心中更多的还是不舍,因为这片美丽的沙漠承载了她太多的悲欢,沙漠的灵魂已经融入她的血肉,成为她生命中重要的一部分。

三毛的房东罕地家中的男人都投身了游击队,三毛不得不在复杂的局势下迅速撤离。

因为荷西所在的阿雍磷矿公司还在开工,三毛一个人先乘飞机到撒哈拉沙漠附近的大加纳利岛,就这么仓促地被迫与她挚爱的沙漠告别了。心中再多的不舍最终都化作了无奈,三毛唯有平静地接受现实。

三毛在大加纳利岛等待荷西的日子，无比煎熬。撒哈拉沙漠形势严峻，荷西也许随时处于危险中。十天过去了，三毛一直没有等到荷西的消息，她打了许多电话都打不进沙漠里，她给沙漠发电报，也没有人回应。三毛彻底地失去了荷西的音信，后来，她干脆就去机场等，看着一架架飞机落下，痴痴地寻找荷西的身影。值得庆幸的是，她最终等来了日夜牵挂的人。

三毛在为荷西的归来感到欣喜之余，更觉得他的归来充满了传奇色彩。荷西是在最危险的形势下乘坐军舰离开沙漠的，可他不仅人回来了，还把三毛曾经在沙漠中最珍视的点点滴滴都带了回来。他们的车，三毛的鸟、花、筷子、书、电视、照片、结婚时的骆驼头骨、化石、海苔、冬菇，甚至还有床单，那些带不走的家具还卖了不少钱。

在那样慌乱的情况下，荷西能够妥善善后，三毛既惊喜又感动。与别人的丈夫慌乱地逃难相比，在战火中从容归来的荷西简直就是一个完美男人。

大加纳利岛是一座非常美丽的海岛，三毛与荷西在岛上租了一幢面朝大海的洋房。房间宽敞明亮，家具齐全，这里的租金和一些食物的价格只是沙漠里的一半，他们在岛上度过了一段平静而美好的日子。

没过多久，荷西因为在岛上没有工作，便又回到原来的公司去上班，周末的时候会乘飞机回来与三毛一起过周末。

平日里，三毛会感到孤独，常常一个人在黄昏时到沙滩上散步。平静的生活中，一场灾难突然袭来。在某日回家途中，三毛神情恍惚，出了车祸，导致脊椎受伤。那时候荷西虽然刚刚涨了薪水，但为了照顾三毛，依然果断地辞了职。

在荷西的陪伴和照顾下，三毛的伤势渐渐好转。在经历了战乱又经历了车祸之后，三毛便不肯再让荷西冒着生命危险去撒哈拉沙漠里工作，宁可忍受贫穷，她也不愿爱人身处险境。

因为这一场飞来横祸，他们给医院支付了一大笔医药费，再加上荷西没了工作，生活顿时陷入了困境。

再诗情画意的生活，也离不开柴米油盐。荷西因为找不到工作整日愁容满面，他焦急地向各大公司投递简历。尽管他是一个优秀的潜水工程师，并且拥有一级职业潜水执照，可时运不济，当时投出的简历都如石沉大海。他们甚至常常为房租发愁，每天都要算计着过日子。荷西的好友还在冒着战火的危险到沙漠工作，有时候荷西也会动一些去撒哈拉沙漠工作的念头。但是听着大海对面的枪声，三毛坚决不让他去。

那段时间三毛拼命地写稿，两个人靠稿费支撑着生活。

在海岛生活期间，三毛创作的作品比在沙漠居住时要多出不少。她的《稻草人手记》《哭泣的骆驼》《温柔的夜》等多部作品都在1977年、1978年左右出版。这些作品文风更加成熟，故事内容更加充实，思想也更加丰富，一上市就受到了广大读者的追捧。

笔耕不辍的三毛创作了一部又一部佳作。但是想到要靠太太写稿赚钱养家，荷西既心疼又自责，可是现实摆在眼前，他只能暗自难过。平时，他经常下海去打鱼，为家中增加一些食物，减少一些开支。

虽然他们的日子过得十分穷苦，可还是时时不忘去帮助别人。他们会把打来的鱼送给好友米盖，还会经常去照顾邻居家孤独的老人卡里。卡里的儿女都不赡养他，三毛与荷西不忍心看着老人这么孤苦难过，便帮着悉心照料，一直到为他送终……生活的艰难永远遮不住心中的光明，他们一直都在尽心尽力地去帮助身边的人。

后来，三毛的健康状况急转直下，再加上生活压力很大，便有了回台湾治疗的想法。一方面，三毛回到台湾能够接受更好的治疗，因为当时西班牙医生对于她的病症并没有好的治疗方法。另一方面，三毛回台湾，还能减少一些家庭开支，给荷西减少一些负担。

荷西没有和三毛一同回去，因为三毛知道荷西断然不会在自己十分潦倒的时候去求助岳父岳母，而且当时他们也的确没有足够多的钱购买两张机票。

回到台湾后，又是一种全新的感受，彼时三毛在经历了撒哈拉的太阳和风沙的洗礼之后有了一种异域风情的美感，她谈笑风生，热情爽朗，洒脱了许多。

　　三毛没有想到的是，她在台湾像明星一般受到了热烈欢迎。上一次三毛回来的时候，还是一个默默无闻的教师。而这一次，她创作的《撒哈拉的故事》感动了万千读者，三毛已经成为家喻户晓的作家。今时不同往日，三毛的人生到达了一个新的层次。

　　这一次回台湾，三毛参加了诗人余光中发起的"现代诗与音乐结婚"的民歌活动。在活动中，三毛写下了《橄榄树》，由古典音乐家李泰祥作曲。两年后，这首《橄榄树》偶然间被李泰祥从抽屉里翻了出来，由齐豫演唱，成为当时非常卖座的电影《欢颜》的主题曲。

　　"不要问我从哪里来，我的故乡在远方，为什么流浪，流浪远方……"动人的旋律裹着迷惘、哀愁与梦想，承载着三毛的灵魂与故事，飞入了读者的心海，传遍了大街小巷，激起层层浪花。

　　三毛在一次又一次的人生辗转中，体会着遇见、重逢、别离。同样的情节，在人生的不同阶段，展示出了不同层次的味道，让三毛百感交集。也许，这就是人生。

③ 黄昏里的点滴生活

三毛第一次尝到了成名的滋味。众星捧月的感觉固然美妙，但是有荷西的地方才能让她感觉踏实和幸福。

她的病也在台湾得到了医治。在身体康复后，三毛回到了海岛与荷西团聚。当时荷西开始和朋友一起尝试包工程做，结果入不敷出。后来经人介绍，他找到了一份工作，到尼日利亚为德国的一家规模非常小的公司在港口打捞沉船。这家公司开出的条件非常苛刻，但是为了赚钱，荷西还是铆足了劲儿拼命地干活。他在那里工作了几个月，老板却一直不给他发薪水，甚至还扣留了他的护照。

荷西经历了漫长的失业期后格外珍视这份工作，所以一直忍着，不敢向老板讨要工资，但是三毛无论如何都咽不下这口气。三毛向来待人和善，这并不代表她软弱，尤其是当所爱之人受到欺负时，便是触碰了她的底线。

为了给荷西讨要薪水，三毛两次飞到尼日利亚，和老板唇枪舌剑地理论一番，废了很大力气才讨回了很少的一部分。荷西在那里一共工作了八个月，最后只收到了三个月的工资。

地球在不停转动，人不会永远站在阴影之下，困境总会过去。荷西终于时来运转，得到了一个很好的工作机会。大概在1977年年底的时候，荷西在附近的丹娜丽芙岛上找到了一份不错的工作，有了稳定可观的收入。而且他工作的地点就在旅游景区，工作任务也充满了浪漫色彩，是营造"海边景观工程"，做人造海滩。

其实三毛与荷西当时住的地方离丹娜丽芙岛并不远，大概只需要四个小时，三毛就可以来到荷西身边。可为了能够有更多的时间相守相伴，他们决定把原来租的大房子空下，又在丹娜丽芙岛租了一间小小的公寓。这个房子很精巧，只是活动的空间实在太小了。在三四个月之后，他们又租了一处宽敞的房子。虽然房租贵了不少，但那里的居住条件好了很多。三毛最喜欢的是，这处房子有一个非常美丽的大阳台，一抬头就可以远远地望见山与海。天然的画卷就摆在眼前，每天的生活都充满了诗意。

热爱生活的三毛懂得享受生活的点滴美好，在一天的时光中，她最爱黄昏时刻，因为那段时光让她感觉惬意又放松。落日在海面上铺了一层明艳的红色，墙下的金银花，在黄昏里散发着淡淡的幽香。每天这个时候，见荷西下班回来，三毛就用盘子端出准备好的茶点给他，然后向他告别，开启每日的黄昏漫游之旅。她很少在清晨去散步，因为每天清晨都背负着一天的工作，让人精神紧张。而黄昏是夜晚温柔的前奏，可以让人尽情地释放情绪，使心灵得到放松。

三毛每天在黄昏时散步的路径大致相同，在后山下坡，穿过一座芭蕉园，再绕过一个大水池，途经一座华丽的宅院。继续下坡，转弯到海岸线，沿着海岸线到古堡，再到渔港去看船，还会去广场转一圈，到图书馆借本书，最后原路返回。

路上的风景富有生趣，这一路上她虽然就一个人散步，但心中是宁静、平和的。有时候三毛经过女友黛娥家时，黛娥总是想抱着孩子和三毛一起去散步。三毛常常以各种理由哄她，拒绝她的请求。有时候，看到她从远处走过来，三毛干脆装作没有看到，转头离开，还好善良的黛娥从没有因此生过气。

三毛拒绝她并不是不喜欢这位朋友，而是她非常珍视这段放松心灵的时光，给自己自由思考的空间。所以，在这段时光里，就算没有荷西的陪伴，她也是很高兴的。

三毛每次走过那条乡间小路时，总会在那里碰到一位年迈的德国老人。这位老人和他的儿子住在一幢大房子里，他的儿子单身，看上去有一些健康问题。老人在院子里种了一片玫瑰花。他们没什么朋友，也没有出去工作，父子俩孤零零地守着一栋大房子。老人病得很重，已经不能动了，整日趴在院门上。

三毛第一次经过这里的时候，是被老人叫过去的。她走到院门前，老人隔着院门牢牢地抓住了她的手。他说话的时候，肺部就像风箱一样，发出呼呼的响声。孤独的老人，急切地渴望倾吐自己的故事。他告诉三毛，医生在上个月就说他要死了，可这个月快结束了，他还没有死。

后来，这位老人每天就像赴约一样，等着三毛出现，和三毛东一句西一句地说一会儿话。但日子久了，三毛就有些烦了，常常转身逃走。

有一天，三毛再次经过这里的时候，老人问三毛穷不穷。她觉得这样的问题很唐突，就没有回答他。

老人告诉三毛，他如果死了，唯一放心不下的就是儿子，然后和三毛说了一遍他儿子的故事。原来他的儿子订过两次婚，可后来那些结婚对象都跑了。老人还说他们是有钱人，如果三毛肯跟他的儿子结婚，将来他们的钱就都是三毛的。

三毛告诉老人，自己不会为了钱结婚。她悄悄地向老人身后的房子望去，老人沉默的儿子正在窗帘后的一角偷看她。

荷西后来知道这件事的时候非常生气，说三毛已经结婚了，就不应该再同别人争论是否会为了金钱出嫁的事情。可三毛每次经过老人家的门口，看到那满院子寂寞的玫瑰，心中便会生出一种难以名状的悲凉，便又会温和地同老人聊会儿天。

死亡在某天晚上带走了老人的生命。第二天，老人就被人安葬了。三毛再次经过他们家的门口时，发现老人的儿子替代了老人，趴在他家的院门旁，他们父子长得十分相像。三毛看到他后，本想上去说几句哀悼的话。但是还没等三毛说话，他就像他的父亲第一次见到三毛一样，用力地喊她过去。那一瞬间，三毛心中生出一种莫名的恐惧，于是紧张地向山下逃走了。三毛回头看时，老人的儿子仍旧在向她招手，他身后的华丽洋房，透着一种残忍的沉默。

后来，三毛散步经过这里的时候，就会加快脚步。老人的儿子没有再趴在院门旁，而是躲在窗帘后面偷偷地看她。

这座宅院的故事，只是三毛岛上生活的一段小插曲，说不上美好，却会点燃三毛心中一种悲悯的情绪，有悲哀、有无奈、有孤独……

三毛的黄昏时刻，大多是美好而温柔的。从海岸到古堡的路十分宽敞，满地的碎石，汹涌的巨浪拍打着海岸，浪花飞舞，在努力地触碰天空。这一切，在夕阳凄艳的色彩渲染下，拥有一种神秘的诗意之美。三毛被这样的景象深深吸引，总是痴痴地欣赏一会儿才会离开。她无比珍视生命中每一个精彩的画面，古堡、街道、商店、旅馆……每一处风景的温柔与美丽，她都不想错过，便在每日的黄昏时分，尽情地欣赏它们的美。

并不是所有的诗意都在远方，黄昏日落，晨曦朝阳，一杯茶，一块点心，一片落叶……每一点生活里的小确幸，都有无尽的温柔。

❹ 生活的色彩与味蕾

一个人身处不同的环境，便会经历不同的故事。三毛在与形形色色的人交往过程中，人生也变得丰富而美好。

有一次，三毛在一家十字港的店铺里看到了一个台湾地区产的划船小娃娃，那个娃娃还扎着麻花辫。店员见这个娃娃与三毛颇有几分相似，就说她们长得实在太像了，问她难道不想把小妹妹抱回家吗？三毛觉得店员伶牙俐齿很会说话，不过最后她还是没有买。回到家里的时候，她把这个趣闻分享给荷西，转眼就忘记了这件事。

几天后的某个下午，三毛准备做蛋糕，当她拉开烤箱的时候，发现了那只在店铺里看到的划船小娃娃，拿起来后注意到荷西在小船的边上工工整整地写上了"一九七八——ECHO号"。这样浪漫的小惊喜让三毛非常开心，她高兴地为荷西做了一个大大的蛋糕，放在了小船边。黄昏时分，三毛照常去海边散步。在三毛回来的时候，荷西开心地对她说，这艘小船钓上来好大一条甜鱼，里面还有新鲜的奶油。诸如此类的浪漫故事还有很多，他们之所以情深意浓，能做一对神仙眷侣，也正是因为他们能够在平常的日子里用心地为对方制造浪漫的惊喜，让生活多姿多彩，使爱情更甜蜜。

然而，生活不只有甜蜜，也会有烦恼和无奈，比如三毛在丹娜丽芙岛认识的一个清洁工马利亚，就让她颇为不快。马利亚负责公寓大楼里几家的清洁卫生工作，在每家工作一两个小时。

三毛对大家向来都礼貌客气，可马利亚是个欺软怕硬的人，对三毛非常无礼，常常会向三毛要盆景、衣服、鞋子、杂志、小摆件等各种东西。三毛习惯了晚睡晚起，马利亚却坚持每天早晨九点开始打扫卫生，三毛也不得不因此改变自己的作息时间。更让三毛十分头疼的是，马利亚还特别喜欢搬弄是非。有一次趁三毛出远门，马利亚就和别人说荷西勾引了别的女人去家里乱搞，可事实上根本是她胡编乱造。后来三毛终于忍无可忍，到公寓管理处大发雷霆，才摆脱了这个令人厌烦的清洁工。

在丹娜丽芙岛，三毛也结识了不少好邻居和可爱的朋友，给她带来了不少欢乐时光，其中一个叫莫里的日本青年就给她留下了深刻的印象。莫里是一个小摊贩，在各地流转经商。他们相识于某个冬日，在阳光明媚的十字港。当时因为临近节日，游人来来往往，还有许多年轻人在街上出售艺术品，形成一个集市，使这个小小的渔港忽然热闹起来，别有一番生趣。

三毛兴奋地拉着荷西去逛集市。三毛虽然没有什么特别想买的东西，但是在这样热闹的集市里自由地逛一逛也十分惬意。

三毛在一个小摊上看中了一条非洲彩石项链，便上前询问价格。原来卖项链的摊主叫莫里，是日本人。三毛便用日语和他沟通，选中两条心仪的项链，付完钱便与荷西离开了。他们还没走多远，莫里追上来，给他们退回一半的钱，因为都是东方人，所以坚持要给他们打折。荷西理解小商贩赚钱讨生活很不容易，坚持不肯拿。

三毛与荷西继续逛街，可她心中一直惦记着莫里。在陌生的国度，只是因为两个人都是东方人，就收获了这样一份情谊，让三毛觉得很温暖。她没有拿莫里的钱，却十分珍惜这份温暖的情谊。三毛觉得流浪在外的人一定会喜欢家的味道，于是提议，给莫里准备一顿家常菜，请他来家里吃饭。荷西欣然应允，便转回去邀请莫里。

第二天，三毛与荷西准备了丰盛的料理，莫里吃得很开心。就这样，他们结交了一位新朋友。通过聊天，三毛对莫里也有了更多的了解。原来莫里常年在各国流浪着做小商贩，一边赚钱，一边旅游。

同莫里成为朋友以后，三毛每次做好吃的肉食，都会用锡纸包好给莫里送去一份，希望能给这个流浪在外的异乡人带去一些温暖。后来,他们搬了家,便与莫里失去了联系。不知不觉就到了夏天,三毛再次去找莫里时,莫里已经从原来的住处搬走了。

三毛从莫里的朋友口中得知,在他们失去联系的这半年时间里,莫里的日子过得很不如意。几个月前他曾去了一次南部,但是他的货、钱、护照全都被偷光了。莫里曾试图找过三毛,但没有找到,就一直在原来的摊位等她。后来,集市也散了,莫里没有了去处,因为他没有工作证,连一份洗碗的工作都找不到。

三毛听到这些消息后特别难过,觉得自己辜负了莫里的情谊。虽然这段异乡情谊充满波折,却令三毛印象深刻,她就把这一段难忘的故事写了下来,以纪念这段难忘的岁月。

在平日幸福的生活里,三毛不仅写文章,还经常画画。自从年少时在一位驻军军官的宿舍里看到了一幅美丽的画,受到了绘画艺术的启蒙,她便点燃了追求绘画艺术的梦想。在岛上生活的这段时光里,三毛重新续起与绘画的缘分。

在岛上画画,源于某年圣诞节时一位朋友送的一盒水彩和几只画笔。当时三毛收到礼物的时候并不是特别喜欢,因为她已经很久没画画了。为了让这份礼物能物尽其用,也为了不辜负朋友的美意,便把很多用白线缝过的衣服翻出来,用水彩调出了和衣服相同的颜色,把它们涂在白线上,使衣服变得好看了许多。

在岛上,有一次三毛无意间到一个小店闲逛。在这个小店里,她发现了许多小石头,被画得五颜六色的,特别好看,就买了下来。第二天黄昏的时候，三毛带着朋友黛娥一起去，又买了三块小石头回来。而且这些小石头价格不菲，花掉了他们将近一星期的菜钱。

当时黛娥见她高兴的样子，便说既然这么喜欢，可以自己画呀。这个提议触动了三毛的心，海滩上有成千上万块石头，可以任她去画，任她去创作，为什么不自己动手呢？于是她开始去海边捡石头，开启了通宵达旦的绘画之旅。

三毛第一次捡来的是一块胖胖的石头，她琢磨了好久，都不知道该如何下笔。一直到深夜，她的脑海里终于浮现出一个胖太太的形象，三毛花了大概三个小时去勾勒描画，使这块石头有了灵魂，变成了可爱的胖太太。

她把第一块石头画的作品送给了荷西。荷西看到后非常惊喜，因为三毛总是有这种化腐朽为神奇的力量。他只不过是睡了一觉，一块普通的石头就变成另外一副模样。于是，两个人兴冲冲地跑去海滩，又去捡来不少石头。

三毛着迷地投入了创作，夜以继日地画个不停。她沉醉于为这些石头创造美丽的灵魂，常常会一遍又一遍不厌其烦地修改，以求将它们修饰得更加美丽。有时候她没有下笔的灵感，就一直默默地对着石头看。有时候下笔很快，可一旦把颜色画得浑浊了，便会把颜色洗去，重新再画。有些画得不好的，她就会直接丢掉，只留下自己满意、喜欢的作品。三毛总是能够让寻常的生活绽放独特的魅力。

　　生活是一块画布,是平淡还是精彩,都任由我们勾勒。生活是一道菜,我们只有用心对待,才能打造极致盛宴。我们是生活者,也是创造者。

第八章
追逐·为你踏遍万水千山

① 我们总是被迫学会告别

在岛上生活的那段日子，三毛常常会通宵达旦地画石头，把自己的时间和热情都交付给了石头。在这种石头画的创作中，她感觉无比的充实和快乐，却也差一点为这些石头丧命。

有几天，海浪很高，沙滩被海水吞了不少，海岸也插了不少红色的警示旗。因为家中的石头用完了，三毛就拎着篮子要去海边再捡一些。她正在捡石头的时候，看到路边有车停下，举着手向她这边跑来。她当时没有理会，又不认识那个人，便觉得与自己无关，继续寻找石头。她再抬头的时候，那个人已经跑到了她的面前，但那个人似乎来不及说话，便抓着三毛的手腕向公路的方向跑去，一边跑一边急切地向三毛喊着什么。当时风浪的声音太大，三毛根本听不清楚，当她回过头望去，才发现海边巨浪滔天，似乎马上就要将他们吞噬。很快，灰色的水幕狠狠地落下来，三毛在海水里拼命挣扎，那个人拼命地将三毛往岸上拖，不一会儿，又来了一个人帮忙，才救出三毛。

经过这一幕，他们都累得瘫坐在了地上。三毛这才注意到，救她的两个人，是一个中年人和一个青年人。

休息了一会儿之后，中年人开始呵斥三毛，为什么向她打手势都没有理会，昨天大浪已经卷走了两个人。三毛连连道歉。过了一会儿，青年人把三毛的篮子给他拿过来，又和三毛聊了几句。这个中年人知道三毛是在捡石头时，便生气地离开了，不一会儿青年人也离开了。旁人哪会懂得三毛对石头的痴迷，在那段时间里，她似乎将灵魂全部都交付给了石头。

三毛在几百块石头画里选出了最得意的十一块，珍藏了起来。为了保存这些她花费了很多心血画好的石头，她还特地买了一个精致的竹篮，在里面铺上红色的绒布，非常郑重地将石头收纳起来。每天起床后，她都会拿出这些漂亮的石头细细地欣赏一番。可这些被三毛视若珍宝的石头，结局却充满了悲剧感。

复活节到来时，三毛与荷西居住在大加纳利岛时的邻居一家十几口人来到丹娜丽芙岛度假四天。三毛非常高兴，便忙着跑出去购买食物和啤酒，又把朋友到来的消息告诉荷西。等她回到家的时候，平日里安静的客厅热闹得仿佛炸了锅。

三毛到厨房给大家准备啤酒和食物，几个年轻的女人也过来帮忙，热闹极了。闲聊时，一位名叫洛丽的朋友夸赞三毛的石头画很好看。听到这话，三毛忽然紧张起来，她匆匆跑到客厅，看到自己视若珍宝的石头被丢在地上，大人们在上面随意乱踩，孩子们把它当成玩具，甚至还有一个胖男孩正把她画的石头放在嘴里啃咬。

三毛惊叫着拼命夺回了她的石头，警告孩子们这些石头不许动，一边说着，一边把石头放在了最高一层书架上的抽屉里。这时候洛丽的妹妹班琪非常善解人意地说三毛的石头画得很漂亮，难怪她会这么紧张，接着便请求三毛送自己一块。三毛果断地拒绝了，因为这十一块石头是三毛最珍贵的作品，不过她答应以后可以为班琪画新的。

朋友们欢聚在一起，有说有笑，聚会结束后便离开了。三毛一整天忙得团团转，也就忘记了石头的事情。第二天，她想把石头收起来，可是当她打开抽屉的时候惊讶地发现少了四块石头。她清楚地记得那四幅美丽的画，肯定是班琪偷走了它们，这仿佛偷走了她的四个灵魂。三毛为此难过了很久，后来决定把剩下的七块石头放到保险柜里。

三毛之前在大加纳利岛的中央银行租了保险柜，放着一些文件，还有几枚母亲送的戒指。她想着先把这七块石头用纸包好，放在塑料袋里，藏在床下，下一次去大加纳利岛的时候就把它们放到保险柜里。她也曾多次嘱咐公寓里的清洁工人，不要动床下的石头。

有一天，三毛买菜回来后便顺路去公寓管理处付房租，收款的先生和三毛闲聊了几句,告诉三毛为她打扫房间的清洁工感冒了,由其他人代班打扫。三毛忽然有种很不放心的感觉,便急匆匆地回了家,发现有一个很年轻的女孩子在打扫房间,而且前一日的垃圾被倒掉了,便紧张地回到卧室,看了看床下——最担心的事情还是发生了,她的石头不见了。她找了许久也没有找到,便冲出去问那个女孩。女孩温柔地回答,在垃圾车经过的时候,她将床下的报纸和厨房的垃圾一同扔掉了。三毛急忙跑下楼,可是垃圾车早已经没有了踪影。

三毛当时情绪非常激动,不知道该如何宣泄。因为这个代班的清洁工并没有错,三毛没有理由指责她。三毛又想去找好友倾诉,可好友偏偏不在家,最后她跑到了海边,在礁石旁伤心地痛哭了很久。三毛最珍爱的美丽石头就这样离她而去了。她在海边一直坐到深夜,一抬头,看到暗夜里天边挂着一个大勺子,散发着华丽的光芒。她想,那一定是她失去的那七块石头。

三毛因为长期不分昼夜地画画,健康状况越来越差,经常出现出汗、咳嗽、发烧、头痛、头晕等症状,最后不得不放下画笔,休养身体。不过总体而言,三毛与荷西在丹娜丽芙岛的生活充满了幸福感,大概一年后,荷西的工作圆满结束,完成了美丽的人造海滩。

海滨的景观,盛满了诗意,宛如童话。海滨大道上行人如织,三毛坐在完工的堤岸旁,依偎在荷西的怀里。漆黑的夜色中,烟花在演绎着极致的璀璨,子夜的钟声随之敲响。那一刻,三毛许下了幸福的愿望:"但愿人长久,但愿人长久,但愿人长久,但愿人长久——"但她始终没有许下后一句"千里共婵娟"。这似乎不是一个吉利的兆头,三毛有些害怕,可又不敢多想。

1979年的新年,他们告别了丹娜丽芙岛,又回到了大加纳利岛,清扫了已经闲置一年的房子,回到从前的平静生活。某天,三毛正在院子里浇花,有人给三毛送来一封别人寄给荷西的电报,电报中说荷西有了一份新的工作,要他火速去拉芭玛岛报到。此前三毛就与荷西一起去过拉芭玛岛旅游,那是加纳利群岛中最美的一个岛屿,土地肥沃,风景如画,宛如世外桃源。

荷西先去新岗位报到,三毛大概在一周后也赶去了拉芭玛岛。可是刚来到岛上,她就看到岛上的两座大火山,心中涌出一种压抑和沉重。在拉芭玛岛的时候,三毛经常会做一些奇怪的噩梦,总有一种不祥的感觉挥之不去。再加上健康状况越来越差,三毛以为自己的生命即将走到尽头,甚至还偷偷地去立了遗嘱。

在拉芭玛岛上,因为有荷西的陪伴,每一天的生活都充满了平静的幸福,三毛格外珍惜与荷西在一起的每分每秒。

每天清晨的时候,在荷西去上班后,三毛就会提着篮子去买水果蔬菜，有时候她还会去荷西工作的码头看看。两个人常常一起望着大海，沐浴着温暖的阳光，一起吃水果和点心。黄昏的时候，他们面对大海，在阳台上准备几碟小菜，品一品红酒，下一盘象棋，再一起看着繁星挂满夜空。

这一年的秋天，三毛的父母来欧洲旅行，三毛早早地就开始准备接待父母的事。这是荷西第一次与她的父母相见，她甚至连荷西该如何称呼父母的细节都考虑好了。

荷西为此每天都会学习几个小时的英文。其实，按照西班牙的习俗，他们称呼伴侣的父母就直呼某某先生或某某太太。但是三毛不同意，执意要让荷西按照中国的传统称呼她的父母为"爸爸""妈妈"。

很快，三毛的父母来到拉芭玛岛，荷西与三毛的父母相处得很愉快，他们都很喜欢荷西。他们在一起度过了一段幸福温馨的时光。陈嗣庆夫妇在这里住了一个月左右，便打算继续去欧洲其他地方旅游，三毛要陪他们一起去。在机场，他们不舍地同荷西道别，但所有人都不会想到，这一别竟是永别。

三毛走后的几日，荷西闲来无事，像往常一样到海边捕鱼散心。他潜入了他热爱的海，却再也没有回来，永远地投入了大海的怀抱。

噩运突然袭来，毫无征兆。听到消息后，三毛与父母火速赶回了拉芭玛岛。她发疯一般请人到海底寻找荷西，没日没夜地祷告，祈求上帝把荷西送回来。

经过两天的苦苦煎熬和等待，三毛见到了荷西，而他的身体已经失去了温度，他的灵魂也永远地沉睡了。三毛悲痛地扑了上去，凄厉地哭喊，却再也没有得到回应。属于三毛的幸福，定格在了那一年，那一天。死亡没有降临在她的身上，却夺走了她的挚爱，让她陷入了万劫不复的痛苦中。

荷西，才三十岁，正值人生的大好年华，却早早地躺在了墓园里。

在荷西的葬礼上，三毛除了伤心又多了一份失望。荷西的母亲和亲属赶来后匆匆参加了葬礼，哭了一阵、吃了一阵，就忙着去街上买烟酒和手表等一些免税的商品，之后便匆匆地登机离开了。人心凉薄，这让她感到悲哀。

葬礼结束之后，三毛每天早晨起床后的第一件事就去墓园陪伴荷西，默数着曾经美好的回忆。墓园的清晨，有清脆的鸟鸣，有微风拂过，繁茂的树木散着幽香，可再好的风景也无法抚平三毛的悲伤。她就在那里痴痴地坐到黄昏，一直到守墓人拿着墓园的钥匙前来劝说她离开，看着守墓人锁上大门，她才肯转身向着万家灯火走去。

天人永隔，是人世间最大的悲痛，撕碎了一切幸福和美好。冰冷的现实摆在眼前，我们被迫着学会告别，去面对深入骨髓的悲伤和遗憾。

❷ 追寻本身就是意义

三毛每日都沉浸在没有尽头的悲伤中,可是一些善后的事情仍要去面对,比如去葬仪社结账,去找法医看解剖结果,去法院申请死亡证明,去社会福利局申报死亡等。

这一件又一件关于荷西死亡的事情,都在反反复复地刺痛着她,她只有强撑着去面对这一切。这一段痛苦而难忘的经历都被她记录在了《背影》一文中,收录在作品集《梦里花落知多少》里。于他人而言,这只是三毛的一部作品;而对于三毛来说,这部作品的一字一句都是永恒的痛。

父母一直陪伴在三毛身边,极力劝说她一起回台湾,希望她能够换个环境,以缓解悲伤的心情。后来,三毛终于同意了。

在荷西遇难后,许多台湾的读者纷纷向三毛发来慰问,希望给她一些力量,帮她减缓悲伤。作家琼瑶也十分挂念三毛,在刚刚得知噩耗的时候,便致电三毛,想让她回台湾。

这一次，三毛带着一腔悲痛回来。琼瑶把三毛叫到家中深谈了七个小时，一直到她答应不再有自杀的念头后才让她回家。

荷西的离开，带走了三毛所有的幸福。无数个午夜梦回，她都在无边的黑夜里思念着荷西。每当悲伤泛滥时，她就会萌生去陪伴荷西的念头，不止一次地想到死亡。

有时候她也会喃喃自语："感谢上天，今日活着的是我，痛着的也是我，如果叫荷西来忍受这一分钟又一分钟的长夜，那我是万万不肯的，幸好这些都没有轮到他，要是他像我这样活下去，那么我拼了命也要跟上帝争了回来换他。"

在某天深夜里，三毛与父母谈话时说，如果有一天她选择了结束自己的生命，希望父母能够明白，那对于她来说是更幸福的选择。

母亲听后眼泪奔涌，父亲更是激动地怒斥她不要杀了自己最心爱的女儿。看着父母痛苦的脸，三毛恍然醒悟，她伤害了最爱她的父母。她失去荷西已经如此痛苦，如果年迈的父母失去了心爱的女儿，那又是何等的残酷！她要守护在世的父母，承担起做女儿的责任，不要让爱她的人体会这种亲人离世的痛苦。

任世间悲喜，时间从未停息。为了减少心中的痛苦，三毛开始流浪远方，四处去旅行。最难忘的事，应该是去泰国时，她在海滩上被汽艇一拖，像风筝一样，被送上了天空。身后扎着降落伞，涨满了风，她感受到了灵魂飞翔的自由。

三毛当时已经是蜚声港台地区和东南亚的作家，走到哪都被热情的读者簇拥包围，索要签名。她回到台北后，更是活动不断，饭局、演讲、座谈会……越来越多的应酬，她无力应付。

这万丈红尘让她疲惫不堪，于是她又动了逃离的念头，想要去她和荷西曾经生活过的大加纳利岛寻得一片宁静。

岛上的风光依旧，只是偌大的岛上没有了荷西，就像一座空城一般。在大加纳利岛的海滩上向远方眺望，拉芭玛岛就在对面，荷西就长眠在那里。

1980年6月，三毛飞去拉芭玛岛，为荷西扫墓，时隔不到一年，却已经发生了不小的变化。十字架已经旧了，墓碑上的名字也淡了，甚至很难看出是谁的名字。三毛便找来笔和漆，一笔一笔地把字重新填好，又把十字架和木栅栏重新刷了一遍，那是她能为荷西做的全部事情了。荷西走了，带走了三毛最丰沛的情感，她的心中再也无法容下其他感情。在三毛孤身一人时，也有人追求三毛，但都被果断拒绝了。

三毛在岛上隐居了大概一年时间，又有了回台北的念头。回去之前，她给父母打电话说了一下。

电话接通后，听到了母亲的声音，三毛的心忽然就柔软了，张口就说："妈妈，我要回家了。"这一边，岛上的朋友们知道三毛要走，都格外不舍。

这一次回台北，三毛还是先在父母身旁住了些时日，享受亲情的温暖，之后便是应接不暇的应酬和活动，三毛无意于各种应酬，只有在家中才能感觉舒适和安宁。她还是无法从容面对攘攘红尘的喧嚣，于是又选择了逃离。

从1981年11月开始，三毛在《联合报》的资助下，又开始了流浪，走向她心中的万水千山。从台北启程，经北美，飞抵墨西哥，三毛开始了为期半年多的中南美洲旅行。

第一站是墨西哥。在这里，三毛的老朋友约根热情地招待了她，带她参观博物馆、教堂，游览街景。她对墨西哥的印象并不好，尤其是朋友约根的热情招待，让她觉得庸俗而无趣。唯一让她印象深刻的要属"国家人类学博物馆"，因为里面陈列了一位自杀神。她很好奇，那是一个什么职位的神，是特许人去自杀，还是接纳人的自杀又或是其他什么？

在离开墨西哥后，三毛又游历了洪都拉斯、哥斯达黎加、巴拿马、哥伦比亚、厄瓜多尔、秘鲁、智利、阿根廷、乌拉圭、巴西等国。一路上，她把所见所闻都记录在笔下，变成了一篇篇精彩生动的游记，发给了《联合报》，后来这些游记都收录在作品集《万水千山走遍》里。

在这漫长的游历过程中，三毛最喜欢的是与人有关的事情，她喜欢观察民俗文化，访问亲友，品尝各色小吃，探访名胜古迹。一直到1982年5月，三毛才结束了这一次神秘绚烂的南美洲之旅。回到台湾后，《联合报》为三毛举行了专题演讲会。

在演讲会上，三毛穿着印第安人的服装，一边放映幻灯片，一边为听众有声有色地讲述这一次漫长旅行的精彩见闻。此后，除了一些短暂的旅行和疗养，三毛基本住在台湾。

后来，三毛应母校文化学院校长张其昀先生的邀请，到学院任教。对于三毛来说，母校是一片难得的清静之地，于是她接受了这个邀约。

在文化学院开学之前，她又一次飞往大加纳利岛，到墓地去探望荷西，还绕道去了西班牙邦费拉达城探访患难老友夏依米和他的妻子巴洛马，最后回到台湾。

她像飞翔的鸟儿，穿越山川河流，踏过万丈红尘，又揣着满怀的故事和一肚子的心事，最后回到原地，落脚于台湾。父母亲友大多住在台湾，可她的灵魂早已跟随着爱人去了时间之外。故乡，收容了她的肉身，却无法安放她的灵魂。

1988年夏天，三毛托人给著名的漫画家张乐平先生带去一封信。信中讲述了她在三岁时看《三毛流浪记》得到了阅读的启蒙，后来也开始写书，并以"三毛"为笔名，纪念《三毛流浪记》的主人公的种种故事。

当时张乐平先生已经年过八十，患有帕金森综合征，住在上海的一家疗养院中。他收到三毛的信后格外惊喜，用颤抖的手为三毛画了一幅画像。此后两个人便频繁地通信，三毛还称张乐平为"爸爸"，并说："三毛不认三毛的爸爸，认谁做爸爸？"在晚年能收获一个这样的女儿，这位漫画家心中因此充满了温暖。

1989年春天，三毛回到大陆，终于见到了张乐平爸爸。漫画家张乐平先生拄着拐杖，站在家门前，在寒风中迎接三毛。三毛激动地抱着张乐平，泣不成声。两个人初次相见，却如同久别重逢。

三毛在张乐平家住了五天，和张家人相谈甚欢，短短的五天里，与这一家人结下了深厚的感情。尤其是对艺术的精神和人生态度，让三毛与张乐平老先生产生了诸多共鸣，有一种惺惺相惜的亲切感，这让三毛感觉格外的幸福和温暖。

在张乐平心中，这个因为漫画而结缘的女儿三毛和他笔下的三毛的确有许多相似之处。她多情、乐观、倔强、好胜、豪爽，又有正义感，有时又显出几分孩子气，这正是他笔下的三毛的性格。

五天之后，三毛道别离去，张乐平嘱咐道："世事艰险，你要保重！女儿离开了父母，就靠自己了。"一句温暖的嘱托，让三毛的眼泪不自觉地溢出了眼眶。

离开张乐平家后，三毛又来到浙江舟山，去探望多年不见的亲友。四十余年，初回故乡，再次看到这些亲友，一切恍如隔世，仿佛置身于梦中。这些日子，她与亲友闲话家常，到陈家村祭祖，在祠堂祭拜过之后，又上山为她的祖父上坟。

三毛很崇拜自己的祖父，虽然从未见过他，却丝毫不影响对他的敬仰之情,她曾在文章中写过关于祖父的一些故事。"最爱细读祖父传奇的故事,辛酸血泪白手成家的一生。泰隆公司销售美孚煤油,祥泰行做木材生意,顺和号销启新水泥,江南那里没有他的大事业。可是祖父十四岁时只是一个孤零零的小人儿,夹着一床棉被,两件单衣和一双布鞋到上海做学徒出来的啊!晚年的祖父,归老家乡,建医院,创小学,修桥铺路,最后没有为自己留下什么产业,只是在庙里度过了余生……"此外,三毛还装好了故乡的土和水,准备带回去给父亲,以解父亲的思乡之情。

向来洒脱不羁的三毛,这一次回来,按照父母一辈的礼节,磕头、烧香……认认真真地完成每个流程。这个从小就接受西式教育的姑娘,丝毫不排斥中国传统的礼节。

③ 打开灵性的钥匙

回到台湾后,在文化学院的讲台上,三毛摇身一变,成了一名老师。

写小说和教书育人是完全不同的两件事,对于教学这件事,三毛十分重视,也心怀敬意。年幼时的经历,让她深刻地体会到一个老师对孩子的性格塑造以及人生发展会产生怎样巨大的影响。所以,她在教学时更加谨慎,更怀有爱心。

她认为,好的教育不是灌输,而是启发。因为每一个学生都是有血有肉的个体,有着不同的性格和不同的情感。尤其是大学生,他们个性鲜明,更加有自己的想法。如果一位老师的教学内容、教育方法无法使之心服口服,那么他们自然就不会重视这样的老师。

三毛在这里教授的是中文系的"小说研究"和"散文习作"。三毛读书多,见闻广,也很会说故事,讲课非常生动。她总是会想方设法地帮助学生去激发创作的潜力。

她很热爱这份工作,觉得教学是一件有耕耘、有收获、有大快乐的事情。多年以前,她就曾在台湾担任过德文助教,那时候的三毛还是一个平凡的女留学生。时隔多年,今时不同于往日,三毛已经成为一个盛名在外的大作家,有了许多忠实的读者。许多同三毛素未谋面的人,都在文字中结识了自由、浪漫、洒脱的三毛。这其中,就包括许多学生。

三毛来到文化学院的第一堂课,十分轰动。许多学生都慕名而来,想要一睹大作家的风采。这足以见得,学生们内心对她的尊重和喜爱。

那天,小小的一间教室里挤满了人,原本只是一堂课,却如同讲座一样热闹。

见到热情的同学们,三毛招呼着:"后面站着的同学,我的一个椅子也可以搬去坐,快要开始了。"

"好了,现在请各位把情绪安定下来,文艺课是自由的,各位请随便坐,不要拘束,肚子饿的可以吃东西,只要不妨碍上课,心情不要太紧张,这一堂课心情不放松是听不来的……"

一个简洁的开场,足以充分地展示出三毛自由洒脱的个性。

三毛一说话,原本热闹的教室,立刻降温,变得鸦雀无声,大家都在专心致志地听三毛讲。

那天,她穿着一身素白的过膝长裙,薄施脂粉,头上挽了一个简单的发髻，优雅地站在讲台上，充满了迷人的魅力。

第一节课，她先是简单地介绍了自己，紧接着又讲解她所教授的"小说研究"课程。她讲的内容生动有趣，学生们被深深地吸引住了，完全不会感到枯燥。

在课堂上，三毛讲的内容是"小说研究"，她在授课的过程中全然不是一板一眼地照本宣科，她明白那种传授知识的方式只能让人感受到束缚，可教育一旦成了束缚，也就成为一种悲哀，而她是绝对不允许这种情况发生在自己身上的。

"有趣"就像时间的加速器，一转眼，就到了下课时间。很多学生还没有听得尽兴，三毛讲的课程就结束了。

在第一节课上，三毛还重点地提到了《红楼梦》《水浒传》两本古典名著，因为这两本书对她的整个创作生涯有着重要的影响。但是通过调研后，三毛发现很多同学对《红楼梦》《水浒传》两部作品十分生疏，并且没什么想法，这让她感到焦急忧虑，为自己的学生们忽视了两部如此优秀的作品而感到惋惜。为此她后来专门开设了《红楼梦》和《水浒传》两门课程。

三毛教授这两门课程并不是为了让学生们了解故事本身，而是希望他们能够在这两本书里体会到文学的美、对话的高妙、人物内心的刻画、人性的复杂、章回的安排、情节的前后呼应，是一种艺术层面的欣赏。

通过上三毛的课，学生们感受到了她对中国古典文学的热爱和领悟，也感受到了中国古典文学的魅力，并且深深地爱上了这两部作品。

三毛为学生们打开了一个全新的璀璨的文学世界，她的《宝玉与袭人》《潘金莲与武松》《鲁达的心境转变与时令》都十分精彩，受到了学生们的追捧。

在小说课上，三毛很愿意带学生们做一些深入思考，从小说出发，探讨生死、人性善恶的问题。

在学校里，三毛的课一直很受欢迎，这并不是因为她有作家的光环，而是因为三毛的课程的确既传授了知识，又有人生指导意义，很自由，也很有趣。

三毛在课堂上经常会带着学生们一起分析其他作家的文章，但是很少论断其成败，这足以见得她对文学的尊重。但是她对待自己的作品倒是很"大方"。三毛有时候会把自己的作品影印下来，请全班同学大胆批改，说是让同学们学习改作文。看到同学们把她的作品改得千奇百怪，她一边看，一边嘻嘻地笑，完全不会气恼。

三毛一直认为，"改"事实上不是一个很精确的字。除了"标点"和"错字"，文章只有好与不大好，思想也只有异和同，何"改"有之？所以，对她而言，批改作业更像是一场纸上师生"对话"，彼此切磋，慢慢琢磨，教学相长，这也正是她追求的一种有趣的教学境界。

学生们特别喜欢听三毛说故事,因为她的阅历极其丰富,走过万水千山,见过世间种种,装满了一肚子的知识和故事,能在不打草稿的情况下随时说出一个精彩的小故事。而学生们也发现三毛一个很大的特点,她很爱讲故事讲感受,但她从不会武断地评判一件事,而是徐徐地引导学生们去思考。

教育的责任不仅仅是教授知识,更重要的在于育人。所以,三毛在教学过程中除了会传授与小说相关的知识,还会给予同学们一些关于未来人生方向的指引。

对于许多即将毕业走入社会的学生而言,他们会对自己的前途有一些忧虑和迷茫,担心自己没有好的出路。而三毛作为一个过来人,经常开导学生,让这些中文系的学生知道自己未来可以有很多出路,并告诉他们如何去面对社会,去寻找适合自己的舞台。

三毛每天为她的学生忙碌着,乐此不疲。无论她在生活中或者社会上是怎样的身份,每当站在讲台上她就是"陈老师",她像热爱生命一样爱着她的学生。她不严肃,但特别认真。她从不会压迫学生,而是一直鼓励他们,让他们能够更加自信地面对社会,面对人生。

三毛一直崇尚激励式的教育理念,十分重视呵护学生的自尊,注重培养他们的自信心。所以,在批改作业的时候,她很注重尺度。成绩差的同学,她会想办法拉他一把,让他慢慢进步,成为中等生。成绩中等的学生，她会想办法去激励他进步，成为优等生。

学期初，学生们交上来的作文是松散而空洞的，而到了学期末，他们已经进步了一大截，就像已经脱胎换骨。学生的进步，是对一个老师最大的回馈。三毛认为，那仿佛是学生在为她呐喊："陈老师加油！加油！加油！"

在课堂上，三毛从来不会对学生说一句重话，因为她明白一个孩子内心的敏感和脆弱。而这以人为本的激励式教育理念，就算放在今时今日，也不过时。

安放在校园里的时光，似乎都被抛了光，抛去了浮躁的杂质，抛掉了红尘的喧嚣，一切变得安静，三毛在这种安静中使灵魂得到了放松。

三毛有时住在学校的菲华楼宿舍，宿舍门前有个美丽的牌子，上面写着几行小字："我喜欢跟朋友先约定时间再见面。如果您突然好意上山来看我，而我恰好也在家，很可能因为正在工作，而不开门，请您原谅。请不要敲门，除非我们已经约好，谢谢。"

在校园的时光是简单而充实的，一转眼，就到了期末。上完本学期的最后一节课，三毛在讲台上向全体学生弯腰致谢，说"谢谢你们所给我的一切"。

三毛的感谢极其真诚，她要感谢学生们在这四个月里的鼓励、支持、理解和这份从无学生逃课的纪录。

学生们一个一个地经过她，有的对她笑一笑，有的说："老师，谢谢你。"一张张青涩纯净的脸庞，还有那一刻的温暖，都深深地印在了三毛的心底。

教书育人的工作很辛苦，但三毛甘之如饴，因为她觉得所有的付出都值得，她在每一堂课中所投入的热情，都得到了学生们的回应。

学生们越是认真，三毛就越不敢掉以轻心，生怕有一丝错误，而辜负了一颗颗求知若渴的心。

对于师生之间的关系，三毛有着自己的理解。她认为师生之间，除了书本，还有相互的沟通与理解。

三毛很爱她的学生，虽然她的教学生涯并不长，但是在学生的陪伴下，三毛度过了一段充实而宝贵的日子。

④ 缘起缘灭，随风聚散

走下讲台后，三毛便全身心地投入文学创作，她谢绝了一切交往，不接电话，不看报纸。起初，她在父母家写作，后来便住进了民生东路的一套小公寓里不分昼夜地写作，偶尔也会参加一些社会活动。1985年年初，她应邀出席新加坡"国际华文文艺营"和"新加坡华文文艺金狮文学奖大会"。有时候虽然人在会上，但她心中仍是时刻处于一种创作的状态。有一次，她就在开会时思想开小差创作了歌词《说时依旧》。

在那段超负荷的创作期，三毛创作了《倾城》《谈心》和《随想》。其中最出色的要数《倾城》，作品记录了诸多三毛童年、少年、青年时期的一些美好故事。她在历尽人生沧桑后，再去书写那些往事，每一篇都生动多姿。

三毛最后出版的两本集子，是《我的宝贝》和《闹学记》。《我的宝贝》一书中记录了这些年她所收藏的珍贵的藏品。而这些藏品的价值,并不是金钱所能衡量的,它可能是一块石头,一本书,一个药瓶,一把老茶壶……它们似乎随处可见,但每一件物品都拥有一段与她生命相链接的独特故事,它们来自世界各地不同的国家,与她不同的人生阶段相关。因此,三毛非常珍爱她的这些宝贝,她爱的并不是这些物品本身,而是一种相遇的缘分,以及与物品相关的故事。

这些物品静静地摆在那里,像一道道门,你每打开一道,就会通往一段独特的人生记忆。

在写《我的宝贝》一书之前,三毛曾请人帮她把收藏的这些东西拍下来,当时并没有什么特殊的用意。

拍完照片后,三毛当时也没有打算把这些故事写下来。因为她觉得这些东西早晚都是会离开自己的。可转念一想,人死之后,物品必会有传承。如果以后这些物品与新的主人结缘,而他们又能通过自己写的故事而得知其来历,这也算得上一件有趣的事情了。

出于这种考虑,三毛才兴致勃勃地提起了笔,陆陆续续地写出这些故事,编成了一本集子。在写作的过程中,三毛一直保持着平常心,因为每件物品是独立的,每个故事也是独立的。她没有去刻意地编排,而是随手抽到一张照片,就即兴写下去。这种做法,让写作变得更加有趣了,而三毛爱极了这种别致的趣味。

无论是留存物品,还是留存照片,三毛其实最想留住的是记忆和情感。她恋物却不执迷，因为人生来去空空，她早已看得通透。人生不过是一场旅程，一切转眼成空，唯有爱可以永恒。

在1986年，三毛到大加纳利岛处理房子问题的时候，也舍弃了不少具有纪念意义的大件藏品，比如见证过几百年光景的铁箱子，老旧的时钟，老家具，半人高的非洲鼓，石磨等。她将它们送给了自己的朋友和邻居，收到这些物品的朋友们十分欣喜。

《我的宝贝》一书，不仅记录了三毛这些藏品的故事，还展示了三毛对生活的挚爱，以及独特的审美。

与其说三毛在收藏东西，倒不如说三毛在收藏故事，收藏自己的生活。

这篇集子中的每篇文章都不长，但都足够精彩。比如说《别针》一文。敢问生活中有谁会细心地收藏几枚别针，又有谁会为小小的别针而写下一篇文章呢？三毛会。

三毛在秘鲁接近"失落的迷城"马丘比丘附近的一个小村子里，与她收藏的别针结缘了。她当时为了去一个泥土做的教堂看印第安人做弥撒，弥撒活动结束后，天空忽然下起了大雨。三毛为了躲雨，在泥泞的小街上找了一家店铺躲雨。起初，她只是买了可乐，后来在一个杂乱的柜子里发现了几枚别致的别针，一枚别针的尺寸大得和烟灰缸相仿。

老板娘敏锐地洞察到她对别针感兴趣，就把别针从柜台里拿了出来，随口说了个价格。三毛接过别针，开始讨价还价，整个过程进行了四五十分钟。后来三毛还是买了下来，至于具体是怎样成交的，她已经全然不记得了，只记得整个过程中她吃下了三根很大的玉米。老板娘一直强调这枚别针是银制的，但三毛明白，它根本不可能是银制的，但她看重的是这些物品上沉淀下来的"时间"价值。这几枚独特的别针，成为三毛秘鲁之行的珍贵纪念。

玻利维亚的拉巴斯，海拔高、气温低，尤其到了夜里，天就更冷了。某天夜里，三毛走在街上，看到街上有印第安女人在摆摊卖煎鱼，她就买了一条。女摊主卖的鱼是煎好的，有人购买的时候再热一下就可以了。

摊主很自然地要给三毛回锅热鱼，三毛看到地上的纸盒里还睡着一个娃娃，关切地建议她尽早收摊回家，因为拉巴斯在当时是需要戒严的。摊主一边热鱼一边问三毛时间，在得知时间后，她开始急忙地收拾摊子，准备回家。此时，三毛看到了她胸前戴着的两条银色小鱼不时地晃动，如同游弋在黑夜里的精灵，闪着光。三毛一眼便喜欢上了，问摊主卖不卖。

摊主先是一愣，随后像是怕三毛反悔一样，急切地说："卖的，卖。"可是双方都不知道该以怎样的价格成交。最后，三毛给出了一个价格，并问摊主够不够。摊主急忙点头，从身上摘下了这对银鱼，并告知她家中还有其他老物件，并告知三毛第二天再来街上找她。第二天，双方都如约而至。三毛又买下了两副红石头耳环。

　　读过了三毛写的故事,再回头看这几件物品,它们也就变得与众不同了。物品,一旦承载了故事,承载了情感,也就有了灵魂,就像小王子亲手浇灌的玫瑰,有了独特的、不可复制的美。

　　三毛收集的藏品五花八门,不仅有小饰品,还有锅。有一口小铜锅,是三毛在香港的古董市场墙角发现的。当时那口小铜锅锅底一团黑,仿佛炖了几十年的菜,最后被主人当作废品卖掉了。三毛将它收了回去,用一瓶铜油细细地擦拭,使那口小铜锅又重见光辉,散着温润的光,像在谦和地与人诉说岁月的故事。

　　三毛把它当成一件艺术品,放在架子上。她爱它温润的铜光,爱它饱满的形态。所以,这口小铜锅与三毛相遇后,不再只有实用功能,更具审美价值,也就有了新的生命。

　　这本书中介绍的藏品其实只是三毛的一部分收藏,三毛珍爱它们,但随着岁月的流逝,对它们的占有欲越来越淡了。因为经历了人生的悲欢离合之后,三毛已经明白,缘来缘去,缘聚缘散,一切转瞬成空。而在同一片天空下,人与物,人与人,曾有过交集,曾点亮一片回忆,足矣。

5 终究只能一个人看海

三毛一生与海有着剪不断的情缘。她深爱荷西,荷西却迷恋大海,而大海最终带走了荷西。大海带给她无限的痛苦,也承载着她的温柔回忆。

她无法忘记那个冬日的清晨,荷西与她坐在马德里的公园里,如往常一样进行一次寻常而珍贵的约会。她记得那天的天气有种刺骨的寒冷,她将自己包裹在大衣下,只留出一只手去丢面包屑喂麻雀。荷西就坐在她身旁,穿着一件厚厚的夹克,看着一本航海书籍。那幅画面安静而美好。

荷西问她:"三毛,你明年有什么大计划?"

"没什么特别的,过完复活节以后想去非洲。"三毛回答。

"摩洛哥吗?你不是去过了?"他又问。

"去过的是阿尔及利亚,明年想去的是撒哈拉沙漠。"

紧接着,三毛又问荷西的想法。

荷西将双手举起来，放在颈后说："我夏天要去航海，好不容易念书、服兵役都告一个段落了。"

"船呢？"三毛知道，荷西一直渴望有一条船。

"黑鲦父亲有条帆船借我们，明年去希腊爱琴海潜水去。"

就这样，他们计划着沙漠和航海之旅。荷西希望三毛能在八月从沙漠赶回来，参加他们的航海之旅。

三毛当时也忍不住畅想，并兴奋地说："我不懂船上的事，你派我做什么工作？"

"你做厨子兼摄影师，另外我的钱给你管，干不干？"

三毛被荷西的计划打动了，也非常想去航海，但最后在沙漠和大海中，她选择了沙漠，而荷西也为了她放弃了航海之行。

而那段关于航海的浪漫憧憬，也成为荷西的一个永恒的怀想。

不幸的是，在离开撒哈拉沙漠后，三毛与荷西在海岛度过了一段幸福时光，最终走向了痛苦的结局。

大海包裹着爱与痛，成为三毛心灵深处抹不去的记忆。

从大加纳利岛回到台北后，三毛的生活又归于平静，但她一直渴望去海边。海岛的太阳很足，而回来之后她棕色的皮肤就开始渐渐褪色了。

台北的生活丰足而安逸，家里总是有丰盛的菜肴，母亲总是喜欢叫三毛吃东西，和所有母亲一样，食物承载着她全部的爱。

但这种爱的表达方式，会让她更容易感受到压力。

相对而言，她更喜欢在学校的日子。学校的便当素简，但是让她感到自由，她可以毫无心理负担地选择吃或不吃。

生活周而复始地运转，仿佛一眼就能望到尽头，给人一种疲倦的重复感。

有一天，三毛去杂货店买烟和火柴，走出来的时候看到有人售卖粗糙的草席。那草席带有一股枯草的气息，三毛一时心动，就买了下来。

因为有了这条草席，三毛特地在星期天去了海边。她没有选择时髦的翡翠湾，那里有汽艇，到处都是漂亮的太阳伞，她觉得这样的气质和自己的草席完全不搭，所以她选择了有小镇情调的沙仑海滩。

在沙滩上，面朝大海时，三毛会忍不住想起她与荷西生活过的大加纳利岛。在大加纳利岛的海滩上，人们尽情地晒着日光，不穿任何衣物，与大自然亲密接触。而在沙仑的海滩上，人们都穿着短裤在玩水，头上会遮着花伞或者戴着帽子，很少有人穿比基尼。

三毛那天穿了一件灰蓝色的比基尼，衣服有些旧了，因为她已经有七年没穿过了。当她穿着比基尼出现在沙滩上的时候，周围的人们都善意地避开了目光。

在告别沙仑海滩后，三毛第二次与海的缘分，源于她在郊外的一次探索。那天，她独自开车到郊外，发现了一条蜿蜒曲折的小路。在仔细地查看了地图之后，三毛发现这是条沿海的路，便一直向前开。后来，房子越来越少了，她看见了稻田，路很窄。

在一个转弯处，三毛猝不及防地迎来了新的风景。那是一片美丽的海岸，凉爽的海风裹着白浪，肆意地拍打着海岸。纯净的自然风光，给人一种美的享受。

浪漫的海，笔直的路，海边的绿油油的稻田，一切都是那么明艳。三毛瞬间爱上了这里。

她把车靠边停下，大步地走向草丛，奔向海岸边。那里有高大的枯树，巨大的枯枝，直指苍天。越是靠近海，风就越强烈。这里的海风没有咸腥味，而是一种薄荷的清凉味。

三毛对着这片海，发了一会儿呆，顷刻间，一定在脑海里浮起了不少往事。

不一会儿，三毛注意到，海浪把不少漂浮物带到了沙滩上，这其中有单只的破鞋和瓶子，也有烂木块等。这些奇奇怪怪的东西又激起了三毛拾荒的欲望。她开始仔细地"搜查"，经过一番挑拣，三毛在其中捡起了一颗很大的弹珠。

忙活了一会儿，三毛在沙滩上铺好她的草席，四周用石块压住，然后躺在上面，背靠沙滩，仰望长空，开始漫无边际地思索。那一刻，她感受到天地的辽阔，心境也随之变得开阔了。

三毛爱极了这无人的海边。于是，仅隔了一天，她又一次来到这里。这处没有游客的海边，让她感觉自由又自在。路边有几只渔船，被草木和石头覆盖着，应该已经闲置很久了。

三毛将这片海滩当作自己的桃花源。因为城市的生活太过喧嚣，而她只需要来回花上三个小时的时间，就可以漫游这处美丽的人间仙境，让心灵自由地呼吸。

有一天，三毛又去了这处海滩。她记得那一天大雨倾盆，而大雨让海有了新的景致，给了她全然不同的感受。但无论风雨多大，都无法阻挡她对大海的热爱。

有一次，三毛和朋友们一起吃饭。朋友们抱怨总是找不到三毛。

三毛告知朋友们，她多数时候是去了一处海滩，朋友们便请求与三毛同行。

而三毛果断地拒绝了，只简单说："不——要。"

"为什么？"朋友们问。

"不为什么，天下的事，哪有凡事都有为什么的？"

三毛为了所谓的"不够朋友"，喝下一大杯酒，空了空杯子，笑了笑。

三毛想，一个人去看海，是享受孤独的狂欢时刻，真的不想被打扰。

⑥ 用阅读灌溉灵魂

阅读与写作，对于三毛而言，就如同生命的呼吸，在吸收吐纳之间，让人生有了更深层次的意义。

三毛既是一位作者，又是一位读者。她的爱好非常广泛，但最眷恋的还是读书。年幼时，她曾为了读书而逃学。她跑去坟地，宁可受冻，宁可说谎。那些在现实生活中的所有的煎熬，她都在阅读中得到了补偿。

《红楼梦》《水浒传》《十二楼》《会真记》《孽海花》《大戏考》《儒林外史》《今古奇观》《儿女英雄传》《青洪帮演义》《阅微草堂笔记》……陪伴着她度过了一段难忘的时光。

从与书结缘开始，读书就成了三毛一生的追求。因为书架上的书太多，她无法将时间分给其他事情。即使有时候会因为读书而没有时间与朋友相聚，她会为此而感到失礼，却并不后悔自己的选择。

三毛曾说:"我的所得,衣食住行上可以清淡,书本里不能谈节俭。我的分分秒秒吝于分给他人,却乐于花费在阅读。这是我的自私和浪费,而且没有解释,不但没有解释,甚至心安理得。我不刻意去读书,在这件事上其实也不可经营。书本里,我也不过是在游玩。书里去处多,一个大观园,到现在没有游尽,更何况还有那么多地方要去。"

在三毛的言语之间,我们能真切地感受到她在阅读中所体会到的快乐。三毛阅读的时候喜欢一气呵成,有时候就算遇到生字也不会去查《辞海》。因为她看《辞海》的时候,也是为了阅读的乐趣,并不是把它当成工具书。她觉得如果在阅读过程中为了查生字而放下书本,很容易打断阅读的兴致。而她认为阅读体验非常重要,断然不会为了一个生字而减少阅读的快乐。

她读书的目的也很纯粹,只是为了享受阅读的快乐。这也和三毛的个性有关,她向来随性洒脱,看重缘分,不喜欢一切刻意的东西。她会自由地看风景、自由地行走,全凭缘分的指引。她在读书的时候同样如此,绝对不会刻意地去读书。

她希望自己能够读尽天下好书,并将此视为最大的乐趣。她对好书的定义也很广泛,不仅仅局限于文学领域。图书馆是她频繁的去处,有时候,她站在一些冷门的书籍前查看,身边偶尔遇到一个陌生的同好,因缘际会,彼此相逢一笑,心头就会浮起淡淡的喜悦。

在图书馆里找书，也不是一件容易的事情。三毛有一次想找一本北宋仁宗时代的《玉历宝钞》，翻遍了很多个书架也没有找到。但是，幸运的是，她在查找过程中遇到了另外一本比较钟爱的书。失之东隅，收之桑榆，也是一种奇妙的缘分，给了她意料之外的惊喜。这像极了人生的际遇，有求之不得的怅然，也有不期而遇的欢喜。

三毛爱读书，但是不喜欢向人借书读。因为她觉得借来的书像客人，阅读的时候要小心谨慎，唯恐自己会招待不周。同时，她也不喜欢别人向她借书。她的原则是，书和牙刷都不能对外借，实在没有办法的情况下，牙刷可以妥协，但书不能。所以，每次遇到好书的时候，她都会一次性地购买十本，如果有人向她求借，那么她便赠送一本，这样皆大欢喜。

读书，不仅给三毛带来了诸多乐趣，也给她带来了独特的经历和感慨。有一次，三毛得知了俞大纲先生的藏书，便特地去文化大学戏剧系国剧组的书馆里寻找。初次去的时候，她就发现《红楼梦》一类的书籍旁边放的居然是俞先生的一盒骨灰。她当时心生敬慕，沉默着伫立良久后，才去取书。那一次，她看了脂砚斋批的《红楼》，翻开书的首页，就看到了胡适之先生赠书俞大纲先生时所写的话。那一刻，墨迹清晰可见，只是这两位先生都已经离开了人世。因为一本书，三毛遇见了胡适之先生和俞大纲先生，在不同时光里，他们的目光，他们的心绪，都聚焦在这一本书上。这便是书与人的缘分。

三毛读书时总是很投入，每读一本书，就仿佛走进了一个全新的世界。对于书中的一些观点，她都有自己的想法。尤其是遇到一些精妙的文章，她会忍不住赞叹和评议一番。隔着一个时空，与作者切磋交流，这对于读书人来讲，是一大快事。所以，三毛有的时候会手痒，想要在书上做批注。

在自己的书上，三毛是自由的，也从不吝惜笔墨。她可以自由地同读者"对话"，在书上任意地圈画、删改，或者写上自己的所思所想。有时候写得多了，一本书就变成了三本书。

三毛读书不仅会在书上写批注，有时候还会朗诵，尤其是在阅读一些诗词类书籍的时候，因为她觉得诗词是具有音乐气质的作品。每一次她读《人间词话》《词人之舟》的时候，在反复品读之余，都会朗诵，用自己的声音去品味诗词之美。

三毛因为诵读诗词，有一次还闹出了误会。有时候三毛在父母家中居住，每到夜里，母亲总是要到女儿的卧室"探视"，帮她熄灯。母亲的脚步很轻，像猫一样，有时候三毛读书读得入神，常常被吓一跳。那一天，三毛正在诵读一首诗，她的声音很轻柔。而当母亲照例"探视"时，在房间外听到声音，竟然以为女儿夜半私语，在与人私订终身，吓得慌忙逃离。

三毛认为读书的时候能体会到什么样的层次，完全看个人阅历。比如她很小的时候就能把《长恨歌》倒背如流，但并未领悟其中的深意，一直到她经历了人生的种种故事，恍然想起诗中后半段时，才深深地领悟了其中的深意，不知不觉间，已泪流满面。

其实，曾有不少人有过这样的困惑。很多书，读过就忘了，似乎并没有太大的意义。但三毛认为："读书多了，容颜自然改变，许多时候，自己可能以为许多看过的书籍都成过眼烟云，不复记忆，其实它们仍是潜在的，在气质里、在谈吐上、在胸襟的无涯，当然也可能显露在生活和文字中。"

所以说，读书是一种灵魂的滋养，需要日积月累的灌溉，才能培养出优雅的气质和谈吐。

三毛读过万卷书，走过万里路，见多识广，积攒了似乎一辈子都说不完的故事。三毛家中亲戚的孩子总是喜欢缠着她，让她讲故事，他们为此宁可放弃去游乐场的诱惑，这足以见得，三毛讲的故事魅力之大。

在众多书籍中，《红楼梦》算得上是三毛的挚爱了。当初，在课堂上，她第一次阅读《红楼梦》，当她读到一僧一道挟着宝玉高歌而去时，"我所居兮，青埂之峰；我所游兮，鸿蒙太空，谁与我逝兮，吾谁与从？渺渺茫茫兮，归彼大荒！"她为其中的境界所痴迷，甚至忘记了自己身在何处。也正是因为《红楼梦》，三毛领悟了一种"境界"，彻底地在文学之美中沉沦，而《红楼梦》已成为她一生都爱不释手的书。后来她在教学生涯中，还单独开设了《红楼梦》这门课程。

有一次，在课堂上，三毛如痴如醉地给学生们讲解着《红楼梦》，直到下课铃声响起，她才从《红楼梦》的世界里抽离出来。而在她的讲述中，学生们也真切地感受到了她对《红楼梦》的爱。

可以说，阅读滋养了三毛的写作，也滋养了三毛的灵魂。三毛选择了书，书也给了她最好的馈赠。

7 告别万丈红尘,悄然离去

1990年,三毛第二次回大陆,主要参加由她编剧的电影《滚滚红尘》的摄制录音工作。这次工作繁忙,三毛玩得意犹未尽,于是在同年秋天又开始了大陆之行,并规划好了一条长长的旅行路线,她要饱览祖国的美丽风光。在做好了旅行计划后,三毛从广州飞往西北,游览了古都西安和甘肃省兰州市。

在天高云阔的大西北,她感受到了一种苍凉而壮美的诗意。在那片荒原里,她的灵魂又一次被震撼了。厚厚的黄土,让她感到踏实;旷野里的风,让她感受到了自由。后来,她又去了向往已久的敦煌。在敦煌的洞穴里,她看到了美轮美奂的古老壁画,丰富而绚丽的图绘犹如一场场电影,演绎着曾经的繁盛和生生不息的信仰。

游历过了敦煌之后,三毛紧接着又过天山、走喀什,去了乌鲁木齐,看望一位故人——王洛宾。那一首著名的《在那遥远的地方》就出自"西部歌王"王洛宾之手。他是一位灵魂歌者,面对坎坷的人生,始终没有放弃追逐音乐的梦想,写下了很多脍炙人口的歌曲,有《半个月亮爬上来》《掀起你的盖头来》《达坂城的姑娘》等。

不久后,三毛挥别了王洛宾,离开乌鲁木齐,继续她的浪漫旅行。

三毛先去了出生地四川,离开四川后,又去了西藏。巍峨壮丽的拉萨城有着一种独特的风情,炽烈的太阳,明朗而炫丽,独特的风光让她沉醉不已。离开西藏后,三毛又去了重庆,游了长江三峡,还去武汉参观了白云悠悠的黄鹤楼,最后到上海,在中秋节与张乐平先生一家人欢聚一堂。

三毛到了张家后,张家便热闹起来。三毛给他们讲她亲历的各种各样有趣的人和事,把张乐平夫妇逗得非常开心。过完了中秋节后,三毛与张乐平先生一家相约第二年还要一起过节,只可惜,她最终还是爽约了。两个月后,三毛就告别了这个世界。

1991年1月2日,三毛住进台北荣民总医院。1月4日,前来打扫的清洁工发现她缢死于浴室。她的父母陷入了巨大的悲痛之中,他们曾经猜到也许三毛有一天会做出这样的选择,却没有想到会这么快。

当张乐平先生得知三毛的死讯后,同样悲痛万分,难以言表。才华横溢的三毛走了,张乐平的夫人也很难过,总是心存一线希望，反复追问消息是否属实。他们一遍又一遍地回忆着与三毛相处的点点滴滴。

他们上一次与三毛分别时，原本相约春节再聚，谁也没有想到那一别竟是永别。他们找出了过去与三毛的通信，反反复复地读了一遍又一遍，止不住伤心地落泪。

三毛离世的消息轰动了媒体，被港台各大报纸刊登在显要位置，琼瑶、倪匡、林青霞等一些知名人士也纷纷发表文章怀念三毛。后来，一家报纸刊登了三毛的母亲发表的文章《哭爱女三毛》，向社会各界公布了一些三毛去世前后的情况：

"荷西过世后，这些年三毛常与我提到她想死的事，要我答应她。她说只要我答应，她就可以快快乐乐地死去。我们为人父母，怎能答应孩子做如此的傻事，所以每次都让她不要胡思乱想。最近她又对我提起预备结束生命的事，她说：'我的一生，到处都走遍了，大陆也去过了，该做的事都做了，我已没有什么路好走了。我觉得好累。'

"三毛是孝顺的孩子，对我们二老非常体贴。因为三毛常常说要去死这种话，就好像牧羊童常说'狼来了，狼来了'一样，我与她父亲就认为她又说'文人的疯话'，况且最近也没有什么芥蒂，更没有什么不愉快，她是没有理由寻短见的，谁料得到这孩子竟这样的糊涂，她常对我说：父母在，不远游。她现在还是走到另一个国度去了，是不是不应该？孩子走了，这是一个冰冷残酷的事实……"

更令人惊讶的是，在三毛离世后，作家贾平凹在1991年的1月5日收到了三毛的来信。这封信是在三毛住院治疗前寄出来的。三毛在信中书写了对贾平凹先生的敬仰，把贾平凹先生的《天狗》与《浮躁》两本著作已经反反复复地看了二十遍以上。她只把三位作家的作品阅读了二十次以上，一位是曹霑，一位是张爱玲，一位是贾平凹。三毛在信中还写道，在当代中国作家中，她只与贾平凹的文笔最有感应，并用了长长的笔墨倾诉了她对文学世界的探寻。三毛还写到她要在来年去探望贾平凹先生，可这个美丽的愿望化作了遗憾。

三毛走完了精彩、丰富、短暂的一生，为世界留下了一段段浪漫动人的故事和一篇篇灵动的作品。茫茫人海，归彼大荒，她悄然离去，消失在万丈红尘中。

要怎样活，才不枉此生？三毛用一生给了我们最精彩的回答。

后记
POSTSCRIPT

三毛的人生，曲曲折折，有悲伤孤寂，也有幸福喜悦，丰盛充盈，给了我关于人生的深思和启迪。

读万卷书，行万里路，身体在路上，思想在远方，这就是三毛。年幼时一本《三毛流浪记》为她打开了一个崭新的世界，让她爱上了阅读。阅读为她的思想插上了自由的双翼，穿透时间、空间，带她畅游智慧天地。那一字一句，凝炼成精神的血肉，铸就了她独特的灵魂，让她开始变得与众不同。

她有了人生梦想，也拥有了一份独特的洒脱和勇敢，迈开了脚步，踏遍万水千山。在美丽的马德里，她是热情爽朗的东方公主；在黄沙狂舞的撒哈拉沙漠，她是绽放在荒芜之地的飒爽玫瑰；在美丽的大加纳利岛，她是自由浪漫的精灵；在我国的宝岛台湾，她是滚滚红尘里的偶像作家……她的脚步遍及欧洲、东南亚以及祖国各地。不同的经历和见识给了她一段又一段丰富的故事，也给了她多姿多彩的人生。

当她通过双眼和阅读看到了这个世界的丰富，内心也渐渐有了回声,一字一句地落于纸上,便是篇篇佳作。这是文学创作的本源,而这样的作品也必定拥有旺盛的生命力,能够感染他人,穿透岁月。

爱情是人生的重要课题,三毛走过了一段漫长而坎坷的情路,也经历了情伤、遗憾、诱惑等种种考验,最终她遇到了荷西。兜兜转转,他们才走到一起,是缘分的馈赠,亦是注定的宿命。二人相守在撒哈拉荒漠,绽放的是极致的爱与灿烂。最好的爱,总能抵御时光的磨砺,即使身在荒芜之地,也能让平凡清苦的日子变得丰盈而美丽。

既然有梦,就不要辜负,追梦人三毛一生都在追逐梦想,有美丽的远方,有心心相印的伴侣,还有魅力无限的文学和艺术。她的一生是短暂的,却也是灿烂的。

图书在版编目（CIP）数据

别让爱情再流浪：三毛传 / 朱云乔著.—成都：天地出版社，2022.1

ISBN 978-7-5455-6599-7

Ⅰ.①别… Ⅱ.①朱… Ⅲ.①三毛（1943–1991）—传记 Ⅳ.①K825.6

中国版本图书馆CIP数据核字（2021）第196264号

BIE RANG AIQING ZAI LIULANG: SANMAO ZHUAN

别让爱情再流浪：三毛传

出品人	杨　政
作　者	朱云乔
责任编辑	孟令爽
封面设计	挺有文化
内文排版	麦莫瑞
责任印制	王学锋

出版发行	天地出版社 （成都市槐树街2号 邮政编码：610014） （北京市方庄芳群园3区3号 邮政编码：100078）
网　址	http://www.tiandiph.com
电子邮箱	tianditg@163.com
经　销	新华文轩出版传媒股份有限公司
印　刷	天津文林印务有限公司
版　次	2022年1月第1版
印　次	2022年1月第1次印刷
开　本	880mm×1230mm　1/32
印　张	8
字　数	177千字
定　价	45.00元
书　号	ISBN 978-7-5455-6599-7

版权所有◆违者必究

咨询电话：（028）87734639（总编室）
购书热线：（010）67693207（营销中心）

如有印装错误，请与本社联系调换。